Bro a Bywyd

D. Tecwyn Lloyd

Golygydd/Elwyn Edwards

Cyhoeddiadau Barddas 1997

Diolchiadau

Dymunaf ddiolch i nifer o aelodau teulu Tecwyn Lloyd am roi pob cymorth i mi gyda lluniau a gwybodaeth, a diolch yn arbennig i Mrs Gwyneth Lloyd. Hoffwn ddiolch hefyd i'r canlynol: Evan Dobson, Islwyn Ffowc Elis, Dr Meredydd Evans, y diweddar G. G. Evans, Elsbeth Hughes, Eleri Wyn Jones, Dr Harri Pritchard Jones, Lona Jones, Mary Nalder-Jones, Phyllis Jones, Geraint Lloyd Owen, Dafydd a Beth Roberts, y Parch. Robin Williams, a hefyd *Y Cymro* a Llyfrgell Genedlaethol Cymru, Aberystwyth.

1

2

3. Priodas Winifred, merch hynaf Pen-y-bryn, Bethel, 1902.

Y rhes gefn (o'r chwith): ?, ?, Bob Lloyd (Llwyd o'r Bryn), Mair Roberts, John Lloyd, Mrs Dafydd Lloyd, Dafydd Lloyd, Jane Lloyd, y Parchedig William Jones, Y Parc, ?.

Y rhes flaen (o'r chwith): Catherine Lloyd, ?, Winifred Pyrs Evans, Winifred a John Lloyd (tad a mam Winifred, y briodferch), Laura Jones, Yr Hengaer Uchaf.

4. Teulu'r Hengaer (ar ochr ei fam).

Y rhes gefn (o'r chwith): Gwyn, Enid ac Ifor.

Y rhes flaen (o'r chwith): David Lloyd, Delyth a Mary Lloyd Jones a John (yr hogyn bach).

1. John Lloyd, tad Tecwyn Lloyd a brawd Llwyd o'r Bryn (yn sefyll).

2. John Lloyd, taid Tecwyn, tua 1905–6.

3

4

5

6

7. Humphrey Jones, Y Gaer Goed (cefnder i Laura Jones, mam Tecwyn Lloyd).

8. Teulu Pen-y-bryn, Bethel. Gwelir Llwyd o'r Bryn yn eistedd ar y naill ben, ac ar y pen arall, John Lloyd (tad Tecwyn Lloyd).

5. Teulu'r Hengaer Uchaf tua 1904.

Yn sefyll: Laura Jones, mam Tecwyn Lloyd; David Lloyd Jones, hanner brawd ei fam.

Yn eistedd: David Jones, taid Tecwyn Lloyd ar ochr ei fam, a Catherine Jones, ei ail wraig, a mam David Lloyd Jones.

6. David Jones, taid Tecwyn Lloyd, a Catherine Jones, ei ail wraig, gyda David Lloyd Jones ar arffed ei fam, a Laura, mam Tecwyn Lloyd, yn sefyll.

7

8

9

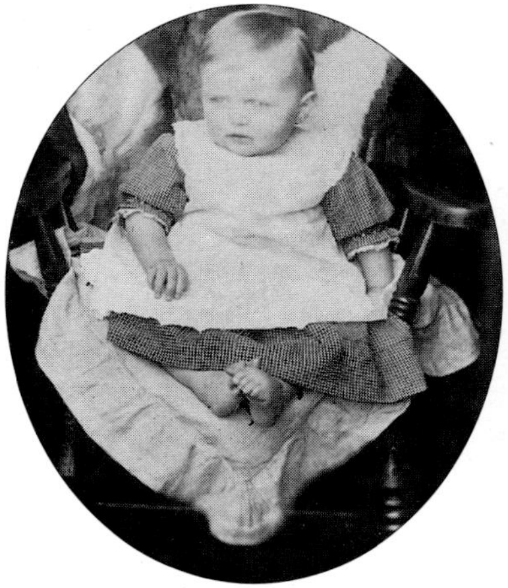

10

11

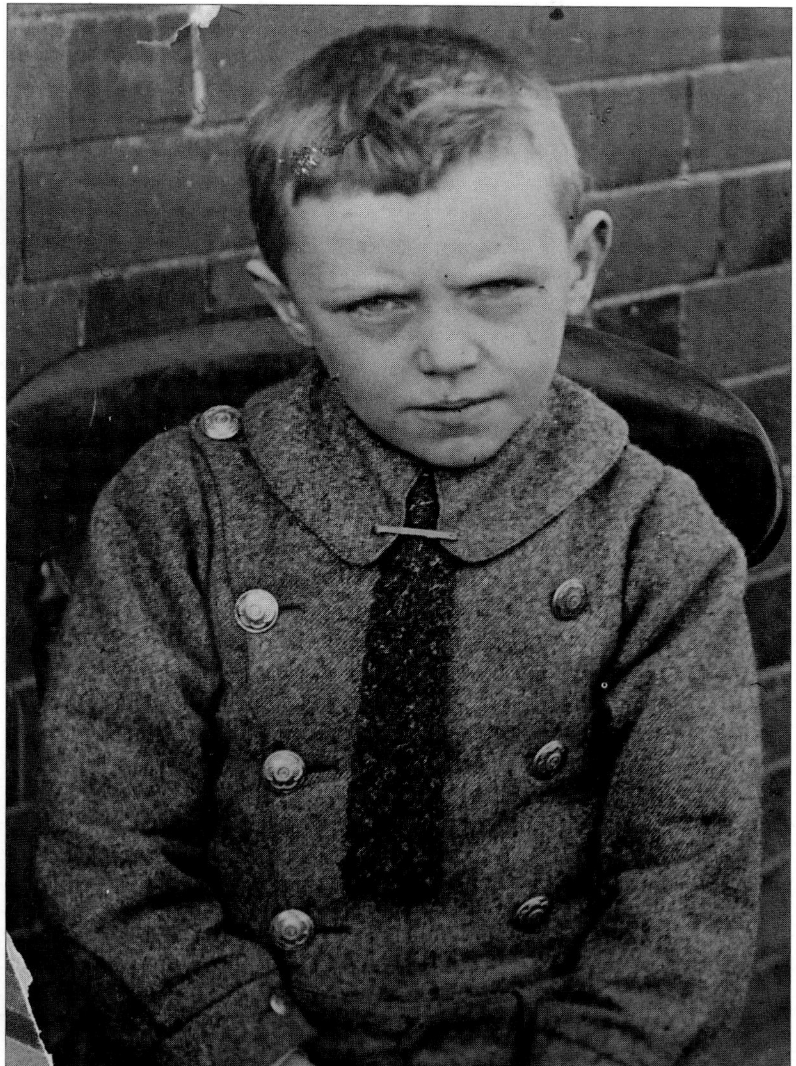

9. Tecwyn Lloyd yn flwydd oed. Ganed Tecwyn ar Hydref 22, 1914.

10. Tecwyn gyda'i fam, Laura Lloyd. Tynnwyd y llun yn Abermawddach tua 1920.

11. Tecwyn yn Ysgol Llawrybetws.

RHAN O YMCHWIL TECWYN LLOYD I'W ACHAU

LLWYDIAID TYISANCWM A PHEN-Y-BRYN

- TOMOS LLWYD
  - John Lloyd 1850–1933 = Winifred Roberts: Llanfihangel 1850–1918
    - John Ambrose bu f. yn faban 1875
    - Dafydd 1877–1956 = Jane Pen-y-bryn, Bethel
    - Winifred 1878–1946 = Pierce Evans (1) Morris Rowlands (2) Y Fedw; Llanycil
      - Mai Edward (Cwmtir-mynach)
        - Gaenor = Roy (Trefonnen)
          - Charles
        - Gwenfair = Trefor (Cwm tirmynach)
          - Meredydd
          - Gwilym
        - Agnes = John Llywelyn (Pontfadog)
          - Daniel
      - Trebor = Beti (Treforys ac Abertawe)
        - Elisabeth = Dan Lyn (Aberystwyth)
          - Dafydd
          - Bethan
          - Gwenno
        - Robert = Glenys (Treforys)
          - Eleri
          - Geraint
        - Dewi = Cathy (Llanilltyd)
          - Gwenllian
      - Gwen (1) = William David Emlyn Griffiths (2) (Lerpwl a Bangor)
        - Alwyn = Linda
          - Carolyn
          - Susan
        - Gwenda = Alan
        - Hywel = Margaret
          - David Edward
          - Stephen Mathew
      - Emlyn = Jane (Y Ffôr)
      - Megan (2) = Donald (Y Llu Awyr)
        - Alan
    - Maggie 1882?–1906
    - Jane 1881–1967 = R. M. Wynne Hen Golwyn
      - Ifor = Jennie Blodwen (Wrecsam)
        - Carys = Rees (Aberystwyth)
          - Manon
          - Ifor Prys
      - Myfanwy (Hen Golwyn)
      - Gwyneth = Gwyn (Llandudno)
        - Delyth = Martin (Pwllheli)
          - Gareth
          - Dafydd, Nia (efeilliaid)
          - Tomos
          - Huw
        - Eryl = Helen (Amwythig)
          - Ceri
    - Catherine 1884–1958 = J. Ll. Davies Brithdir a Chorwen
      - Meinir Lloyd (Rhuthun)
      - Aled Lloyd = Beryl (Yr Wyddgrug)
        - Rhodri Lloyd
        - Gwenno Lloyd
        - Powys Lloyd
        - Iestyn Lloyd
    - John 1886–1970 = Laura Jones (1) Ann Davies (2) Pen-y-bryn, Glanrafon
      - D. Tecwyn = Frances (1) Gwyneth (2) (Caerfyrddin a Maerdy)
    - Robert 1888–1961 = Annie Wms. Derwgoed a Chynlas Bach &c.
      - Dwysan = R. E. Rowlands (Cefnddwysarn)
        - Eilir = Heulwen
          - Cerian
          - Erddin
          - Glian

12

14

13

12. Pen-y-bryn, Bethel, cartref ei dad, John Lloyd: darlun olew gan Eilir Rowlands.

13. Y Capel, Glanrafon.

Wrth edrych yn ôl, 'rwy'n meddwl mai dysgu iaith ac arddull Gymraeg dda oedd y peth pwysicaf a gefais yn Ysgol Sul Glanrafon.

'Atgofion 1925'

14. Ysgol Sul Glanrafon, 1920.

15

15. Agor Ysgol Newydd Llawrybetws ym 1908 gan Osmond Williams, A.S. Meirionnydd. Mae ef a'i wraig yn sefyll yng nghanol y llun. Y tu ôl i'r plant ar y chwith, mewn het silc, saif y Parchedig Henlyn Owen, gweinidog Glanrafon ar y pryd, ac wrth ei ochr, gŵr barfog, sef Dr Cernyw Williams, Corwen.

16. Ysgol Llawrybetws, 1925.

Tecwyn yw'r pedwerydd ar un lin yn y rhes flaen.

17. Ysgol Llawrybetws (Glanrafon).

16

17

18

19

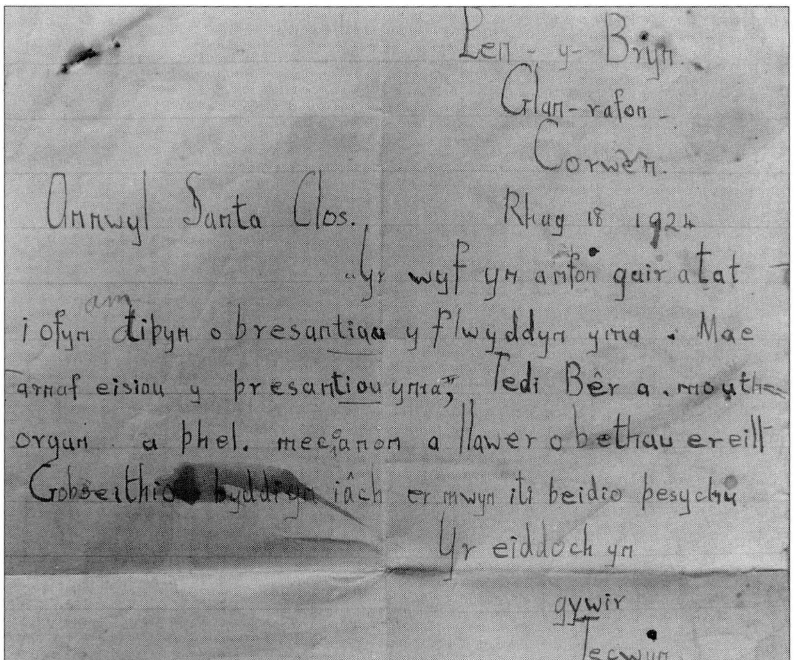

Pen-y-Bryn.
Glan-rafon.
Corwen.

Annwyl Santa Clos. Rhag 18 1924

Yr wyf yn anfon gair atat i ofyn am tipyn o bresantiau y flwyddyn yma. Mae arnaf eisiau y presantiau yma; Tedi Bêr a mouth-organ a phel. mecanon a llawer o bethau ereill Gobeithio byddwyn iâch er mwyn iti beidio pesychu

Yr eiddoch yn
gywir
Tecwyn.

18. Gyda'r Prifathro, Rhys Gruffudd. Tecwyn yw'r ail o'r pen yn y rhes ôl.

Dyma rywfaint o ddarlun o ysgol Glanrafon pan ddaeth Rhys Gruffydd yno yn brifathro ddechrau Medi 1925: fel Rees Griffiths yr adwaenid ef y pryd hynny. Gŵr ifanc dibriod 23 oed ydoedd a chredaf mai o ysgol ym Mhenrhyndeudraeth y daeth atom. Yr oedd wedi ei eni yn athro. Mewn mwy nag un lle 'rwyf wedi dweud ei fod yn un o'r tri athro mawr a gefais yn fy holl yrfa.

'Atgofion 1925'

Dyma'r flwyddyn pan ddaeth newid llwyr yn staff Ysgol y Cyngor Glanrafon (Llawrybetws). Symudwyd J. Arnon Jones, y prifathro, i fod yn athro cynorthwyol yn Ysgol y Cyngor, Corwen. Gadawodd ei is-athrawes, Miss Jackson, hithau, yr un adeg hyd y cofiaf ond ni wn i ble'r aeth hi wedyn.

'Roedd yr ysgol mewn cyflwr o annisgyblaeth a chryn anhrefn. Ni fwriadwyd Arnon yn athro plant, bardd, breuddwydiwr a chyn-filwr o ryfel 1914-18 ydoedd ac un a ddioddefai o 'shell shock' fel canlyniad i hynny. Daeth i'r ysgol yn 1920 a bu yno tan ddechrau term y gaeaf 1925, ac yn ystod yr holl amser hwn ni bu un disgybl yn sefyll arholiad y 'sgolarship'. Hyd y cofiaf, nid oedd nemor ddim trefn ar wersi'r dydd, yr unig waith rheolaidd oedd dysgu darn o'r Sgrythur bob bore. Ar fore Iau 'roedd Arnon wedi cael ei gopi o'r *Brython* am yr wythnos, ac ar ôl cwpla'r Sgrythur, byddai yn erchi inni i gyd ymroi i 'silent reading' ac yntau'n cyrchu cadair freichiau ei ddesg, llwytho a thanio ei getyn, codi ei ddwygoes ar ei ddesg, agor *Y Brython*, ymroi i ddarllen a 'smocio'n abal ffri' nes byddai gormod o derfysg a sŵn o'r desgiau o'i flaen yn ei ddeffro allan o gyfaredd papur Je Aitsh.

'Atgofion 1925'

19. Llythyr a anfonwyd at Siôn Corn.

20

21

20. John Llewelyn Davies (Yncl Defis) a Mrs Catherine Davies.

21. Ar un o gaeau Pen-y-bryn gyda'r 'Cleino' yn y cefndir.

O'r chwith: Meinir Lloyd Davies, Tecwyn a Dwysan Rowlands, a John Lloyd (tad Tecwyn) yn edmygu'r car yn y cefndir.

Penderfynodd fy nhad mai'r peth diogelaf oedd parcio'r Cleino, 'for the duration' yn sied wair Bryngolau. Hen gwpwl pur oedrannus oedd yn byw yno ar y pryd ond cafwyd caniatâd parod a chroesawus ganddynt i letya'r rhyfeddod newydd yn eu cadlas; yn wir, dyma'r tro cyntaf iddynt hwythau weld car mor agos at eu tŷ.

'Roedd hi'n lled nosi pan ochneidiodd f'ewyrth ei Gleino at giât y terfyn. Un llwyd efo to brown a thrwyn gloyw oedd y car. Cerddodd fy nhad a minnau at groesffordd Bryngolau i'w ddisgwyl ac i gyfarwyddo'r llywio mewn argyfyngau posibl. Tystiai'r ffordd yn eglur ddigon na bu car hyd-ddi erioed o'r blaen. Cyn troi am y tyddyn, dadlwythwyd modryb a'i merch fach a thra buont hwy'n cerdded ymlaen weddill y siwrnai yr oedd f'ewyrth yn perswadio'r Cleino yntau i gerdded tua'i lety ar yr un pâs ac yn dirdynnu ei wyneb gan bryder mwy nag a brofodd dim un o'i arwyr erioed ar ffiniau'r Ceibyr cyn wynebu miloedd o Bathaniaid gwaedlyd. Heb fwy na rhyw hanner dwsin o grafiadau go afiach eu tinc ac ambell glonc go eger, cyrhaeddwyd y noddfa a thawelodd yr injian o dan do sinc y sied wair. F'ewyrth wedyn yn dod allan a simio corff ei gerbyd yn gywrain ofalus. 'Roedd tipyn o lwch a baw ar ei gas ac er mwyn ceisio gweini cysur i f'ewyrth a'r Cleino, dyma'r hen John Jones, Bryngolau, yn tynnu ei law saer-maen arw a chorniog ar hyd y metel i rwbio peth o'r baw i ffwrdd. Mewn braw a dicter, bu bron i f'ewyrth ymollwng i regi! 'Peidiwch ddyn!' meddai rhwng ei ddannedd, 'mae hyn'ne'n andwyo'r paent, mi fydd wedi sgryffinio i gyd'. Fel oedd lwc, mi beidiodd John Jones gan feddwl, mae'n ddiamau, nad oedd ceir modur yn bethau i'w trin fel anifeiliaid eraill. Ond ar hyd y ffordd i Benybryn, 'roedd f'ewyrth yn dal i hewian yn ddigofus-bryderus am

22

23

'y dyn ene'n hel 'i hen ddwylo mawr hyd y paent; mi alle'i ddyfetha fo i gyd', ac am a wn i nad oedd o'n pryderu'n ysbeidiol ar hyd yr wythnos rhag ofn fod John, yn nhrymder nos, yn codi i fodio'r car er mwyn diwallu rhyw gythreuldeb anneall i bawb ond ef ei hun. Ond hyd y cofiaf, ni ddigwyddodd dim rhagor o stremits felly ac yn ystod yr wythnos cawsom brofi peth o urddas teithio mewn car i'r fan yma a'r fan draw.

'Yncl Defis', Bore Da, Lloyd (1980)

22. Ysgol Tŷ Tan Domen, Y Bala.

23. Tremhirnant, Stryd y Plase, Y Bala, y tŷ lle y lletyai Tecwyn pan fynychai Ysgol Tŷ Tan Domen.

Diwrnod dwl ynghanol mis Medi ydoedd ac ar ôl cyrraedd rhaid oedd cael hyd i'm llety yn stryd y Plase, cartref y gwerthwr glo. Wedi ei gael, deall bod tri o ardal Cerrigydrudion i gydfyw â mi yno, tri sgolor arall yn dechrau arni yn Nhytandomen. Erbyn te, ar ôl gorffen llafur y dydd yn yr ysgol – os llafur hefyd – daethom i adnabod ein gilydd. Tom, mab Perthillwydion oedd un, Gwyn o Gefnbrith oedd y llall a'r trydydd oedd Huw, eto o'r Cerrig ond ni chofiaf enw ei gartre erbyn hyn nac, yn wir, nemor ddim amdano yntau am mai am un term yn unig y bu gyda ni yn yr ysgol.

'Tŷ Tan Domen', Cymysgadw (1986)

24

25

26

27

24. Cartŵn gan Meirion Roberts.

O'r chwith: Tecwyn, Maurice James, Y Bala, ac Ivor Owen, Llanuwchllyn.

25. Gyda'i dad wrth fedd Ann Griffiths yn Llanfihangel-yng-Ngwynfa. 'Roedd yn 17 oed ar y pryd.

26. Ger Yr Hengaer Isaf, Glanrafon, gyda Menna Huws, Y Gaer Goed.

27. Gyda'r Parchedig Ithel Williams yn Abergele, Haf 1932.

28

29

28. Dosbarth Celfyddydau Ysgol Tŷ Tan Domen, term yr haf, 1933.

Y rhes gefn (o'r chwith): Dewi Jones, Tai Mawr, Dei John Davies, Gorseddau, Cwmtirmynach, John Rees, Aeddren, Llanfor, Tecwyn Lloyd.

Y rhes flaen: Tegid Lloyd, Y Bala, a Maurice James, Y Bala.

29. Wrth ddrws blaen Y Derw Goed, 1937.

30. E. T. Jones.

Dyna E. T. Jones. Cymro wedi ei fagu yn Y Bala. Athro Lladin a Groeg gorchestol a phetai'n siarad yr ieithoedd hynny gyda ni yn feunyddiol, ryfeddwn i un dim. Ond yr oedd wedi mynd yn rhyw fath o gamp gennym ni hogiau i geisio dal E.T. yn yngan gair o Gymraeg. Weithiau, ar ôl te, neu fin nos, gwelem ef yn dal pen rheswm gyda ffrind ar y stryd a gwyddem mai Cymraeg oedd iaith y sgwrs. Yna byddem yn cerdded heibio iddynt er mwyn clywed E.T. yn siarad Cymraeg, ond ymhell cyn inni ddod o fewn clyw, byddai ef wedi gweld y cyrch a newid i Saesneg. Felly bob tro; 'roedd arno rhyw arswyd patholegol ymron rhag i neb o'i ddisgyblion wybod ei fod yn Gymro. Wedi imi adael yr ysgol, 'rwy'n cofio ei gwrdd un noson yn hen Lyfrgell Rydd y dre, yntau bellach wedi ymddeol a minnau ym Mangor. Cyferchais ef yn Gymraeg a pharhau'r sgwrs yn yr un iaith, ond gwrthododd ef yngan gair o Gymraeg er inni siarad am bum munud neu fwy; un yn Gymraeg a'r llall yn Saesneg! Dyna'r tro olaf imi ei weld ac, i mi, aeth i'w fedd yn Sais.

'Ellis Evans', Lady Gwladys a Phobl Eraill (1972)

30

31

32

31. Ellis Evans.

Heb os, mae rhywbeth yn digwydd i ddyn pan gyll un o'i hen athrawon bore oes; yn un peth, mae fel petai'r gorffennol yn ehangu'n ddiarwybod a phellhau, yn mynd yn fwy o orffennol neu, fel y gelwir ef yn y llyfrau gramadeg, yn orffennol gorberffaith. Yn sydyn, mae dyn yn sylweddoli nad oes nemor neb bellach ar ôl o'r gwyrda hynny a fu unwaith yn ymwylltu uwchben ei ddiogi a diffyg ymdrech; yn gafael yng ngwar ei gôt i'w halio o flaen holl griw ei ddosbarth (er mawr ddifyrrwch y dosbarth); yn rhoi plwc poenus i'w glust neu ambell gelpen lawchwith am anwadalwch ei sylw i'r wers ar y pryd ynghylch treigladau'r ferf 'trof' ... 'Does dim byd sy'n gwneud i ddyn deimlo'i oed yn fwy na meddwl nad oes odid neb bellach ar gael a all fod yn hyf arno trwy hawl athro ac enw disgyblaeth dda.

'Ellis Evans', Lady Gwladys a Phobl Eraill

32. Ifor 'Ffridd Foel'.

'Roedd yn hogyn cydnerth hyd yn oed yn yr ysgol a champau hogiau felly oedd ei bethau ac er na byddai byth yn ein diflasu gyda'u hanes, eto, yn ddiarwybod rywsut, fe dyfai rhyw naws bencampwrol o'i gwmpas. Credid ei fod yn ymladdwr diffael pe herid ef ac ni chofiaf am neb yn ddigon ehud i fentro hynny. Yr un pryd, addefai fod nerth a champau ei frodyr hŷn gartref yn llawer mwy a godidocach na dim a allai ef ei gyffwrdd, a rywfodd, yr oedd addefiad felly ynddo'i hun fel petai'n ychwanegu at ei rym ef ei hunan. Nid yw arwr byth yn dioddef wrth gydnabod fod rhai mwy nag ef ei hun i'w cael, yn enwedig pan fo'r rheini yn hŷn nag ef ac o'r un gwaed.

'Un o'r Arwyr, 1913–1966', Lady Gwladys a Phobl Eraill

33

34

33. Clawr *Lady Gwladys a Phobl Eraill.*

34. Nid yw'r enw Robert Owen, neu 'R.O. Ffor Cro' fel y galwai ei hun ar waelod rhigwm o gân, yn debyg o fod yn hysbys i fawr neb tu allan i ardal Penllyn ac Edeirnion yn sir Feirionnydd ac erbyn heddiw mae cenhedlaeth newydd wedi codi yma hefyd nad adnabu'r Joseff cwbl arbennig hwn, canys bu farw'n hen-ifanc ym 1951. Er na choeliasai hynny ei hun, gŵr lleol yn yr ystyr fanylaf oedd R.O.; hen lanc a theiliwr a gyhoeddai rigymau a cherddi yn dra mynych mewn papurau fel *Yr Wythnos a'r Eryr* a'r *Adsain* a *Seren* Y Bala ac a gredai'n ddiysgog y darllenid y papurau hyn gan holl werin Cymru o Fynwy i Fôn heb sôn am Gymry alltud Llundain, Lerpwl a Phatagonia. Credai yn hapus ffyddiog ei fod yn fardd o fri cenedlaethol a phan ddaeth yn bedwerydd allan o ddeuddeg mewn cystadleuaeth yn Eisteddfod Aberteifi ym 1942 – a hynny ar air neb llai na Mr. Saunders Lewis – fe glensiwyd y

mater unwaith ac am byth. Ni wyddai pwy na beth oedd Mr. Lewis ond ar ôl y digwydd hwn cofiaf amdano'n dweud fod 'y dyn ene'n gwybod 'i waith!'

Ac yn wir, rhoes Mr. Lewis ganmoliaeth bur hael iddo a dweud 'mae'r bardd yn gwbl gartrefol ac yn gwybod ei fod yn cyflawni swydd gymdeithasol werthfawr' ac fe osododd R.O. ar ben rhestr y beirdd gwlad yn y gystadleuaeth: 'yr hen aristocrat hwnnw', chwedl yntau gan ddilyn ei chwilen am fardd gwlad y pryd hwnnw fel cynt.

'Dirgelwch o Ddyn', Lady Gwladys a Phobl Eraill

35

36

35. Clawr *Bore Da, Lloyd, a Chofnodion Eraill.*

36. Maurice James, ffrind mawr Tecwyn ers dyddiau ysgol.

37

Fel pob prifathrawes arall trwy Gymru y cyfnod hwnnw, hen ferch oedd Dorothi. Yn y Tridegau a chyn hynny, fe benodid, choelia' i byth, rhyw fath neilltuol o hen ferched yn brifathrawesau a byddai astudiaeth seicolegol o'r *genus* yn sicr o fod yn un dra diddorol. 'Roeddynt i gyd yn rhai tra awdurdodol a llawer ohonynt yn wrywaidd eu hosgo a'u gwisgiad. Rywle yn eu cefndir personol gellid dyfalu bod rhyw gyffro neu ysictod neu odrwydd emosiynol wedi digwydd a barai iddynt, ar brydiau, ymroi i feddalwch a oedd yn ymylu ar fod yn ddagreuol; 'roedd Dorothi yn cael plyciau felly wrth grybwyll o flaen ambell ddosbarth, yn gynnil iawn, aberth ei rhieni pan oedd hi'n fyfyrwraig ifanc yng ngholeg Aberystwyth. 'Roedd llawer ohonynt hefyd yn dra manwl a chraff i atal pob cysylltiad rhwng merched eu hysgolion a bechgyn o'r un oedran; mor feichus fanwl oedd eu gafael nes iddo fod, yn aml, yn annaturiol, fel petai'n gas a gwrthun ganddynt unrhyw arwydd o hoffter neu serch, neu hyd yn oed gyfeillgarwch teuluaidd rhwng y ddau ryw. Yn fuan ar ôl iddi gyrraedd Y Bala, ddiwedd 1931, 'roedd Dorothi'n deddfu nad oedd dim un o'r merched i dorri gair â neb o fechgyn yr Ysgol Ramadeg ar y stryd nac yn unman cyhoeddus arall o fewn terfynau'r dre, – a hyn hyd yn oed petai bachgen a geneth yn digwydd bod yn frawd a chwaer! I bob golwg, 'roedd pob cyfathrach rhwng bachgen a geneth yn drosedd gwaeth nag ânonestrwydd. Yr unig gasgliad y gellir ei dynnu oddi wrth or-bwyslais fel yna yw bod serch naturiol ryw dro wedi golygu profiad chwerw a siomiannus i luniwr y fath reolau ac mai ffordd o ddial hen gam oedd y gwir gymhelliad dros eu llunio.

'Bore Da, Lloyd', Bore Da, Lloyd, a Chofnodion Eraill

37. Miss Dorothy Jones, B.A., Prifathrawes Ysgol Ganolradd Sirol y Merched yn Y Bala.

38. Coleg y Gogledd, Bangor.

38

39

39. Coleg y Gogledd, Bangor. Tecwyn ar y chwith a Syr Thomas Parry ar y dde, a Syr Ifor Williams ar y blaen.

40. Cwmni Chwaraewyr Coleg y Gogledd, Bangor, Mawrth 1935, yn y ddrama *Deufor-Gyfarfod*.

41. Cwmni Drama Coleg y Gogledd, 1937.

Y rhes gefn: Huw Idris Jones, Edwin Williams, Humphrey Davies a Tecwyn.

Y rhes flaen: Lora Jones Williams, Huw Williams, Flori ?, Noel Evans a Mair Benson Evans.

40

41

42

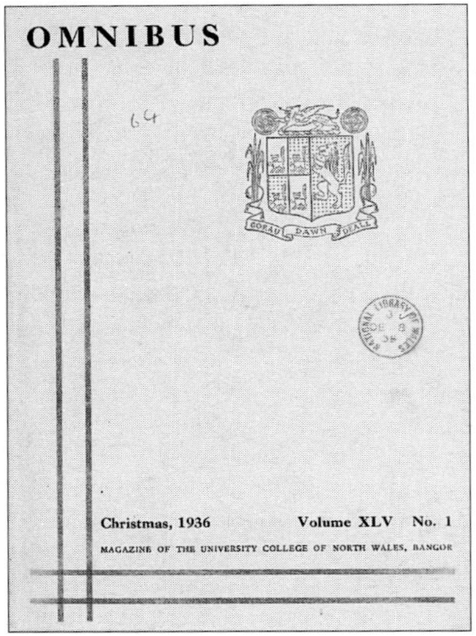

43

42. Pan oedd yn fyfyriwr ym Mangor, bu'n olygydd *Omnibus*, cylchgrawn y Coleg.

43. Tecwyn yn fyfyriwr.

44

45

46

44. Yn maldodi'r ebol ar un o gaeau Pen-y-bryn, Glanrafon, tua 1935.

45. Y Wedd ar y Buarth.

Gwedd Pen-y-bryn tua diwedd y tridegau.

O'r chwith: Catherine Davies, Tecwyn, Aled Lloyd Davies (ar y gaseg), John Lloyd, Meinir Lloyd Davies (ar y gaseg) ac Ann Lloyd.

46. Y peiriant torri gwair a'r taclau wedi eu gosod arno i dorri ŷd, dwy sedd, un dyn i edrych ar ôl y wedd ac un arall i hel yr ŷd at y gyllell.

O'r chwith: Tecwyn, Aled Lloyd Davies a John Lloyd.

47

47. Tecwyn (ar y chwith) a Llwyd o'r Bryn mewn ystum bocsio.

'Roedd Tomy Farr newydd fod yn ymladd am bencampwriaeth pwysau trwm y byd yn erbyn Joe Louis ym 1937.

F'EWYRTH

Mae dau siort o bobl yn byw eu bywyd: mae yna ddau beth i'w fyw mewn bywyd: mae yna ddwy ffordd o fyw: mae rhai pobl yn byw dau fywyd ac eraill ddim ond un. Peidiwch â phoeni; fe ddaw'r trobwll yma yn glir yn y man, ffroth y cyrion yw gosodiadau fel hyn er ei fod yn edrych yn amheus o debyg i'r ffroth hwnnw a welir mewn ysgrifau ail-law. Nid ysgrifo yw fy mwriad o gwbl.

Byddai testun neu 'wrthrych' hyn o lith yn fy rhybuddio'n ffyrnig i beidio â mynd ddim gair ymhellach â hi. Un o'i ddeddfau pendant ef ar hyd ei oes oedd na ddylai neb o'i deulu ymgeisio mewn cystadleuaeth lle'r oedd ef yn feirniad; buasai'n fwy digyfaddawd fyth ynglŷn ag un o'i deulu yn troi ati i sgrifennu amdano a'r byd yn feirniad. Mae rheswm yn hynny; 'does dim byd mwy diflas na rhywun yn llusgo'i dylwyth ei hun i mewn i bob sgwrs, yn enwedig mewn cwmni lle nad oes un enaid byw yn adnabod neb o'i dylwyth.

Ond os yw ei ysbryd yn fy ngwylio'r funud hon, mi fentraf ei gilwg; mae dau reswm gweddol deg gennyf.

'F'ewyrth', Lady Gwladys a Phobl Eraill

48. Yn un peth, mae bron i ddeng mlynedd wedi mynd heibio er pan glywais ei lais ac er bod hynny ddeng mlynedd arall yn fyr o'r ysbaid sy'n gweddu i atodiad nesaf y *Bywgraffiadur*, eto, mae deng mlynedd yn amser purion i bethau waelodi. Peth arall, yr oedd, 'rwy'n meddwl, yn adnabyddus i gryn dipyn mwy o bobl na'i deulu ei hun ac efallai y gallaf ddweud ei fod, yng Nghymru Gymraeg, yn dipyn o 'gymeriad'. Fe roes un gair i'r Gymru honno sy'n dal yn bur heini o hyd, heini ymhlith y Cymry sy'n cael hwyl neu'n ymboeni, yn cynllunio neu besimydda am 'y pethe'.

F'ewyrth Bob; Llwyd o'r Bryn o'r tu allan i'w deulu, a gychwynnodd y gair 'pethe' ar ei hynt.

'F'ewyrth', Lady Gwladys a Phobl Eraill

48

49

49. Cymdeithas y Porfeydd Gwelltog.

Pobl o ardal Penllyn a chyfeillion, yn aros mewn ysgubor fferm dros wythnos yr Eisteddfod Genedlaethol, gan ddechrau ym 1921 (Eisteddfod Caernarfon). Gwellt neu wair oedd y gwely!

Gwelir yn y llun: Meic Parry, I.B. Gruffydd, Tecwyn, Trebor Lloyd Evans, W. E. Thomas, W. D. Williams, J. F. Owen, Bob Tai'r Felin, Bob Thomas, Cloddiau, Llwyd o'r Bryn, R. E. Rowlands, Glyn Jones.

Steddfod Maldwyn 1981

('Roedd nifer ohonom yn lletya dros ŵyl 1937 yn 'sgubor fferm Cefn Gwyrgrug, Aberhosan. Ar gais taer f'ewyrth Bob, canodd Tai'r Felin inni un noson; hwn oedd y tro cyntaf iddo ailddechrau canu ar ôl colli ei wraig ac o hyn ymlaen, bu'n canu hyd ei farw ym 1951.)

'Run rhai yw'r sêr sy'n fflachio
Heno uwch maes yr ŵyl
Â'r rheini ym mil naw tri saith
Pan gawsom ninnau'n hwyl:

Ninnau, nad ydym heddiw
Y llafnau oeddym gynt,
Yn ryffio byw drwy'r wythnos boeth
Heb swllt, heb sôn am bunt.

Ond clywsom Bob Tai'r Felin
Yn tiwnio dan y sêr
Ar lawr sied wair 'rôl swper brwd
Wrth olau cannwyll wêr.

A Llwyd o'r Bryn yn adrodd
Trasiedi'r iâr un ŵy,
A chwerthin mwy yn siŵr a wnaem
Pe gallem chwerthin mwy.

Rywbryd cyn glas y cyfddydd
Cysgasom ar y gwellt,
Oerodd y nos cyn wincio o'r wawr
Trwy y cloëri dellt, –

Y wawr na thyr fyth eto
  Ar ŵyl mil naw tri saith
I alw Bob a Llwyd a Meic
  I'r maes o drwmgwsg maith.

Ond nid yw'r haul yn malio
  Na'r sêr yn hidio draen:
'Run pryd yw heddiw iddynt hwy
  Â'r ddoe fu yma o'i flaen.

Tecwyn Lloyd

Blodeugerdd Penllyn,
Gol. Elwyn Edwards (1983)

50a

50a. Pen-y-bryn, Glanrafon, lle magwyd Tecwyn.

O dro i dro, bu amryw o'm cydnabod a ffrindiau yn ymweld â ni: G. G. Evans, Maurice James, John Roberts Williams, Goronwy O. Roberts, Huw John Huws, Howard Jones, Gwyn Erfyl, Merêd, Claude (sef Gildas Jaffrennou, mab Taldir y Llydawr), Islwyn Pritchard, Paul Sheridan (Llangwm ar y pryd), William Jones (Nebo: y bardd). Ar fwrdd cegin yno y sgrifennais fy llyfrau cyntaf – *Rhyw Ystyr Hud, Erthyglau Beirniadol, Trwy Diroedd y Dwyrain* (trosiad), ac amryw erthyglau, adolygiadau, etc. i gylchgronau, beirniadaethau i'r Eisteddfod Genedlaethol, a mannau eraill. Yn ystod y dydd gweithiwn ar y fferm ac ar fin nos, cynnal dosbarthiadau WEA ac Allanol bum noson yr wythnos yn ardaloedd Uwchaled.

Ardal Llawrybetws 1989–1990 (cyhoeddiad personol)

50b

50b. Y llyfrau cyntaf.

51

52

51. Tecwyn yn ŵr ifanc.

52. Diwrnod priodas Katie Swancot Edwards (merch John Edwards, Tŷ Tan Dderwen, Glanrafon) a John Roberts, gyda rhai o'r trigolion wedi gwisgo yn arbennig ar gyfer yr achlysur. Mae Tecwyn ar y chwith i'r priodfab, yn gwisgo het galed.

53. Ni ellir dinas heb ddinasyddion, a dinasyddion y byd newydd yw'r werin, mewn llên hefyd yn ogystal ag mewn llywodraeth. Mae'n wir y bydd y werin yn etifedd i gynnyrch a chyfoeth materol ac ysbrydol yr hyn a fu gynt ond nid oes unrhyw rinwedd mewn etifeddu fel y cyfryw. Rhaid creu, rhaid tyfu, rhaid bod yn dragwyddol aflonydd i wella ac i newid, rhaid bod y tân yn llosgi'n ddiddiffodd yn yr efail a'r ystraffaldiau ar waith yn barhaus wrth y magwyrydd. I hynny y mae'n rhaid i bethau ddod; i hynny y mae *Cefn Gwlad* wedi dod.

Cefn Gwlad, tymor y Gaeaf, 1940-41

54. Priodas Islwyn Pritchard a Megan yn Ffynnongroyw, Mehefin 1944. 'Roedd Islwyn Pritchard yn ddarlithydd yn Uwchaled yn yr un cyfnod.

Niwl Ben Lomond

(Cofio fy heic gyntaf gydag Islwyn Pritchard i fyny'r Ben Lomond ddechrau Awst 1942)

Ar fin nos llaith fel heno
Yn Awst, yr wyf yn cofio
Mynyddoedd maith yn Sgotland bell,
O ydyn – maen nhw yno.

Ben Lomond oedd y cynta'
I herio Pritsh a minna;
Y Ben enillodd, torchau niwl
A'n troes ni'n ôl o'i gopa.

A nawr, â 'ngwallt yn gwynnu,
'Rwyf yn rhyw fud bensynnu
Heddiw fod hanner canrif hir
Er pan ddigwyddodd hynny,

Ac na ddaw Pritsh byth eto
I Sgotland bell i heicio,
Ar er bod niwl, reit siŵr, ar Ben
Lomond, ni wêl mohono.

Ond hefyd, dylwn gofio
Fel bu hi'r noson honno,
Er gwaetha concwest niwl y Ben
Fe ddaeth y dydd i lawen ben
Mewn canu a charowsio.

* * *

'Rhen Britsh, os yw dy ysbryd
Yn bod mewn rhyw arallfyd,
'Rwy'n cynnig iechyd da i ti –
Dram Buie, boed it wynfyd!

Barddas, Medi 1992

53

54

55

55. Diwrnod priodas Dwysan ac R. E. Rowlands, Yr Hendre, Cefnddwysarn, 1944.

56

56. Cychwyn i'r Alban, 1944.

O'r chwith: Morfudd Roberts, Tecwyn, a Marian Hughes.

57

57. Yn Yr Alban, 1944.

Yn sefyll: Islwyn Pritchard, Warden Ben Nevis, Idris Bell, Leslie ? (Albanwr).

Yn y canol: Jim Gilchrist, Tecwyn, Mary Nalder-Jones, Mair ? (cyfnither Megan Pritchard), Megan Pritchard.

Y rhes flaen: Lona Jones, Marian Day, Elspeth Hughes (merched Glanrafon).

Ar wyliau, am bedair blynedd yn olynol, cerddodd Islwyn a minnau drwy'r rhan fwyaf o'r Ucheldiroedd, dilyn llwybrau nad oeddynt fawr gwell na llwybrau defaid, croesi dros gyfrwy o fynydd o un glyn i'r llall. A dringo; Ben McDhui, Braeriach, Cairngorm, Ben Nevis, Sgurr Alasdair a'r Cuillins Duon ... rhestr digon parchus. Un tro, cerddasom bymtheng milltir ar hugain o Portgordon i Tomintoul. Dyma'r tro pan gawsom lifft gan ddau hen ffermwr a oedd yn troi adre o ffair Dufftown, wedi meddwi'n chwil. Gyrrai un ohonynt y car, ar lai nag ugain milltir yr awr, a chyn bo hir, sylweddololdd Islwyn a minnau eu bod yn lled amau mai ysbiwyr o'r Almaen oeddym, – 'roeddym yn eistedd yn y cefn ac am fod y ddau ffermwr tu hwnt i bob hwyl sgwrsio, siaradem Gymraeg â'n gilydd. Cryfhau a wnâi amheuon ac ofnau'r ddau begor pan ddaethom i le bach a elwid, yn ôl y plac ar ei gyrion, yn Craigellachie. Stopiwyd y car: ''Dydyn ni ddim yn mynd ddim pellach' meddai'r gyrrwr yn floesg. 'Diolch yn fawr ichi' meddem ninnau wrth fynd allan, 'a ble 'di'r lle yma?' 'Wyddon ni ddim,' ebe mêt y gyrrwr a dyna ddiweddu'r drafodaeth heb ddadlennu unrhyw wybodaeth a allai fod yn fuddiol i'r gelyn ddyn! Fe ŵyr y cyfarwydd, wrth gwrs, mai bro enwog gwlith Glenlivet yw'r rhan hwn o'r wlad.

'Dros Fynyddoedd', Bore Da, Lloyd, a Chofnodion Eraill

58. Cerdyn a anfonodd at ei ewythr David Lloyd Jones o'r Eidal.

58

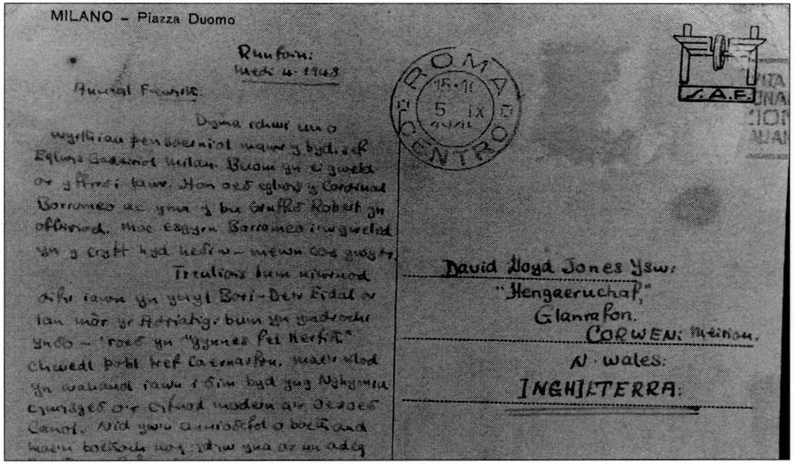

Rhufain
Medi 4 1948

Annwyl F'ewyrth

Dyma ichwi un o wyrthiau pensaernïol mawr y byd, sef Eglwys Gadeiriol Milan. Buom yn ei gweld ar y ffordd i lawr. Hon oedd eglwys y Cardinal Borromeo ac yma y bu Gruffudd Robert yn offeiriad. Mae esgyrn Borromeo i'w gweled yn y crypt hyd heddiw mewn cas gwydr.

Treuliais bum niwrnod difyr iawn yn ymyl Bori – De'r Eidal ar lan môr yr Adriatig, bûm yn ymdrochi ynddo – 'roedd yn 'gynnes fel llefrith' chwedl pobl tref Caernarfon. Mae'r wlad yn wahanol iawn i ddim byd yng Nghymru, cymysgedd o'r cyfnod modern a'r Oesoedd Canol. Nid yw'n annioddefol o boeth ond mae'n boethach nag ydyw yna ar un adeg. Deuthum i Rufain pnawn ddoe, mae'n hardd iawn – hynny a welais ohoni hyd yma. Af i'r Fatican ddiwedd yr wythnos nesaf.

Cofion cynnes at bawb yna: Tecwyn.

59

60

59. Aduniad teuluol, cefndryd a chyfnitherod cyntaf yn Y Fedw, Llanycil. Mae Tecwyn yn sefyll ar y dde eithaf yn y rhes gefn.

Y rhes gefn: Myfanwy, Trebor, Mai, Ifor, Gwen, Tecwyn.

Y rhes ganol: Gwyneth, Emlyn, Dwysan, Megan.

Y rhes flaen: Meinir, Aled.

60. O flaen y Gaer Goed, Glanrafon.

Ym 1946 aeth yn warden Coleg Harlech 'lle treuliodd naw mlynedd digon diffrwyth mewn awyrgylch Seisniglyd, anghydnaws, a lle na chynhyrchodd, o'r herwydd, odid ddim gwaith o bwys.'

Blodeugerdd Penllyn

61

62

61. Staff a myfyrwyr Coleg Harlech, term y Gaeaf, 1947. Dr Meredydd Evans a Tecwyn yn y rhes flaen ar y chwith.

62. Coleg Harlech.

Yn sefyll: Gwilym Owen (Cofrestrydd y Coleg); Dr Meredydd Evans (Tiwtor Athroniaeth/Athroniaeth Gwleidyddiaeth); Rhiannon ? (Ysgrifenyddes y Swyddfa); Tecwyn (Tiwtor Cymraeg a'r Llyfrgellydd); Claude Guinamant (Llydawr, a Thiwtor Celf a Chrefft, mab i Taldir. Ei enw priodol: Gildas Jaffrennou).

Y rhes flaen: Miss Edna Williams, J. D. Parry (Warden y Coleg) a T. J. Jeffries (Tiwtor Economeg a Hanes Economeg).

63

63. Yn mwynhau seibiant gyda rhai o fyfyrwyr a staff y Coleg.

64. Gyda Gwyn Erfyl ger Bronwydd, Harlech, Haf 1955.

64

65. Darn allan o lythyr a anfonodd at y Parchedig Robin Williams tra bu yn Rhufain yn Gymrawd Ymchwil am flwyddyn, rhwng 1951–52.

Penfione frey
Via Liguria .26.
Roma: Italy.

Ionawr 5: nos Sadwrn
mcml 11

Annwyl Robin, Doris: a Moffat [y ci],

Dyna ti ffenestri siopau dillad y Via del Tritone: – darn i Doris yw hyn 'rwan! Maent yn gyforiog o sidanau a melfed. Hosannau neilon sydd fel gwawn Gwyn ap Nudd, neu fel tarth haf ysgafn pan fo tarth yn codi o'r dyffrynnoedd ym mis Medi – gwehyddwaith y Tylwyth Teg sydd yn byw ym Milan. Mae rhai o'r hosannau hyn, ar fy ngwir, mor denau nes bod rhaid edrych ddwywaith i weld a ydynt yno ai peidio. Ac nid yn unig y neilon ei hun; ar y rhai drutaf ohonynt y mae patrymau cywrain o sidanwaith du o gwmpas y sawdl a'r gar. Tua phunt y pâr yw'r rheiny, a thua chweigain neu 8/6 y pâr yw'r rhai dibatrwm. Wedyn dyna'r sidanau – seta pura: y sidan naturiol a wneir gan y pryfyn. Rholiau ohono – coch, aur-tywyll, gwyrdd, lleiniau sy'n ymddangos fel petai'n mud-losgi yn y ffenest, lleiniau sydd yn gymysg o ddu a browngoch – y naill liw yn britho'r llall – gyda rhyw awgrym o ddirgelwch rhyw offeiriadaeth Indiaidd anhygyrch a phrin, lleiniau eraill o sidan gwyrdd symudliw sy'n ysgafnu a thywyllu fel cnawd byw pan fo bws neu gar neu bobl yn pasio heibio iddo yn ei ffenestr aristocrataidd. Cystal yw ei raen.

65

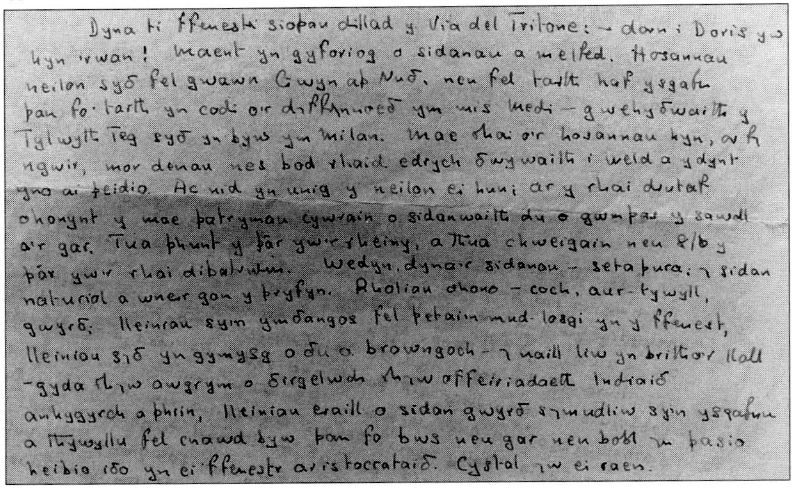
Dyna ti ffenestri siopau dillad y Via del Tritone: – darn i Doris yw hyn 'rwan! Maent yn gyforiog o sidanau a melfed. Hosannau neilon syδ fel gwawn Gwyn ap Nuδ, neu fel tarth haf ysgafn pan fo tarth yn codi o'r dyffrynnoeδ ym mis Medi – gwehyδwaith y Tylwyth Teg syδ yn byw ym Milan. Mae rhai o'r hosannau hyn, ar fy ngwir, mor denau nes bod rhaid edrych δwywaith i weld a ydynt yno ai peidio. Ac nid yn unig y neilon ei hun; ar y rhai drutaf ohonynt y mae patrymau cywrain o sidanwaith du o gwmpas y sawdl a'r gar. Tua phunt y pâr yw'r rheiny, a thua chweigain neu 8/6 y pâr yw'r rhai dibatrwm. Wedyn dyna'r sidanau – seta pura: y sidan naturiol a wneir gan y pryfyn. Rholiau ohono – coch, aur-tywyll, gwyrδ; lleiniau sy'n ymδangos fel petai'n mud-losgi yn y ffenest, lleiniau syδ yn gymysg o δu a browngoch – y naill liw yn britho'r llall – gyda rhyw awgrym o δirgelwch rhyw offeiriadaeth Indiaiδ anhygyrch a phrin, lleiniau eraill o sidan gwyrδ symudliw sy'n ysgafnu a thywyllu fel cnawd byw pan fo bws neu gar neu bobl yn pasio heibio iδo yn ei ffenestr aristocrataiδ. Cystal yw ei raen.

66. Frances, gwraig gyntaf Tecwyn, yn ferch ifanc.

Priododd Tecwyn a Frances Killen yng ngwanwyn 1955. Bu farw Frances ar Chwefror 13, 1980.

67. Gwynllys, Bwlch Gwyn, ger Wrecsam, cartref Tecwyn pan oedd yn rheolwr Hughes a'i Fab ac yn is-olygydd *Y Cymro*.

68. Gyda Syr Thomas Parry, beirniaid y Goron yn Eisteddfod Genedlaethol Cymru, Aberdâr, 1956.

66

67

68

69

70

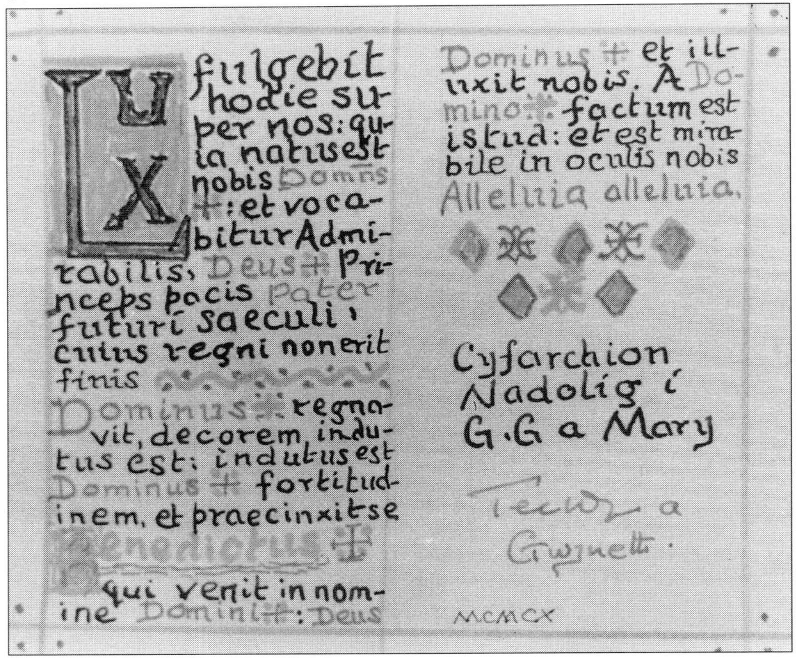

71

69. Gyda G. G. Evans, Y Drenewydd (chwith), ac Aneirin Talfan Davies.

70. Cerdyn Nadolig o'i waith a anfonodd at Mr a Mrs G. G. Evans.

71. Diwrnod derbyn Gradd M.A. Prifysgol Lerpwl, Mehefin 1961.

72

73

72. Cyfarfod coffa Llwyd o'r Bryn yng Nghapel Tegid, Y Bala, 1962.

O'r chwith: W. H. Roberts, y Parch. John Roberts (gweinidog Capel Tegid), y Parch. G. R. Jones (gweinidog Capel Cefnddwysarn), Jennie Eirian Davies, T. H. Parry-Williams, Tecwyn, y Prifardd William Morris, Geraint Lloyd Owen, y Prifardd W. D. Williams, Lewis Hywel Davies ac Alun Ogwen Williams.

73. Aelodau'r teulu ger Capel Tegid Y Bala, adeg cyfarfod coffa Llwyd o'r Bryn, 1962.

74

74. Aduniad y Llwydiaid ger Llyn Caer Eini, Y Sarnau.

75

75. Rhai o aelodau'r teulu ym Mhen-y-bryn, Glanrafon.

Y rhes ôl (o'r chwith): Annie Lloyd (gwraig Llwyd o'r Bryn), Laura Lloyd (mam Tecwyn), Catherine Davies (chwaer John Lloyd a phriod Yncyl Defis, a mam Meinir ac Aled).

Y rhes flaen (o'r chwith): Tecwyn, Dwysan Rowlands, Meinir Lloyd Davies, John Lloyd (tad Tecwyn).

76/77. Bu Tecwyn yn olygydd y cylchgrawn *Taliesin* rhwng 1965 a 1987, a bu'n Gadeirydd yr Academi Gymreig am gyfnod.

77

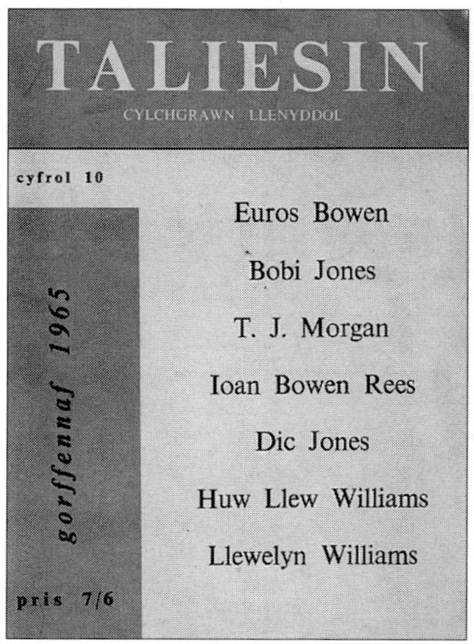

76

78a

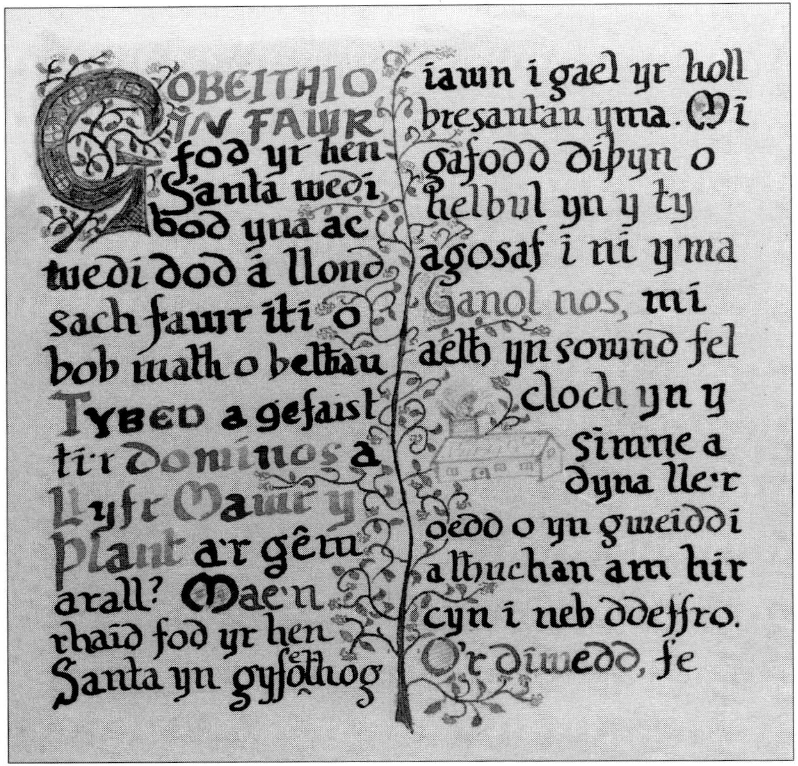
Gobeithio yn fawr
fod yr hen
Santa wedi
bod yna ac
wedi dod â llond
sach fawr iti o
bob math o bethau
Tybed a gefaist
ti'r Dominos a
Llyfr Mawr y
Plant a'r gêm
arall? Mae'n
rhaid fod yr hen
Santa yn gyfoethog
iawn i gael yr holl
bresantau yma. Mi
gafodd dipyn o
helbul yn y ty
agosaf i ni yma
Ganol nos, mi
aeth yn sownd fel
cloch yn y
simne a
dyna lle'r
oedd o yn gweiddi
a thuchan am hir
cyn i neb ddeffro.
O'r diwedd, fe

78b

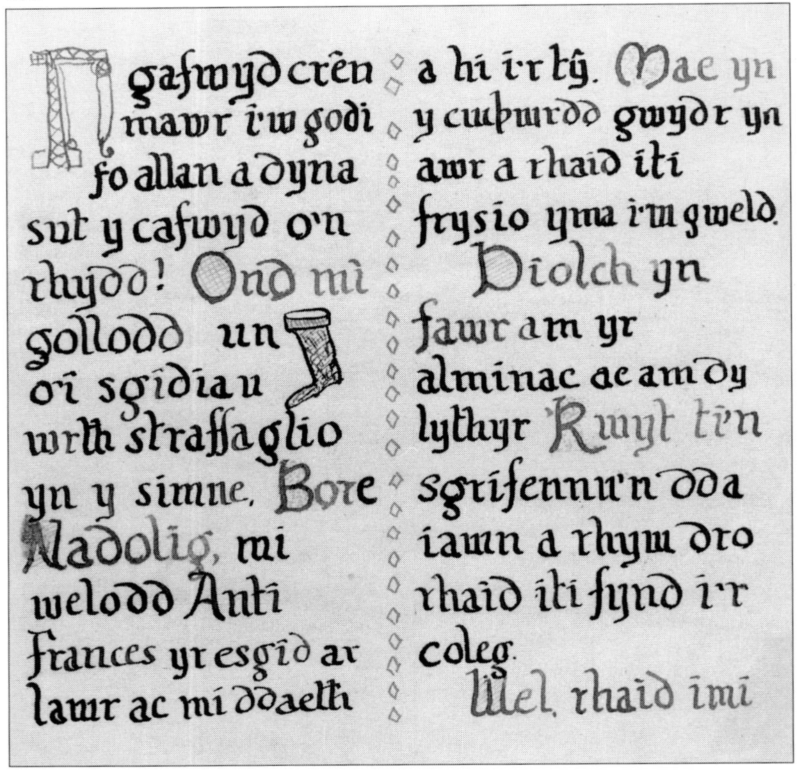
gafwyd craen
mawr i'w godi
fo allan a dyna
sut y cafwyd o'n
rhydd! Ond mi
gollodd un
o'i sgidiau
wrth straffaglio
yn y simne. Bore
Nadolig, mi
welodd Anti
Frances yr esgid ar
lawr ac mi ddaeth
a hi i'r tŷ. Mae yn
y cwpwrdd gwydr yn
awr a rhaid iti
frysio yma i'w gweld.
Diolch yn
fawr am yr
alminac ac am dy
lythyr. Rwyt ti'n
sgrifennu'n dda
iawn a rhyw dro
rhaid iti fynd i'r
coleg.
Wel, rhaid imi

78c

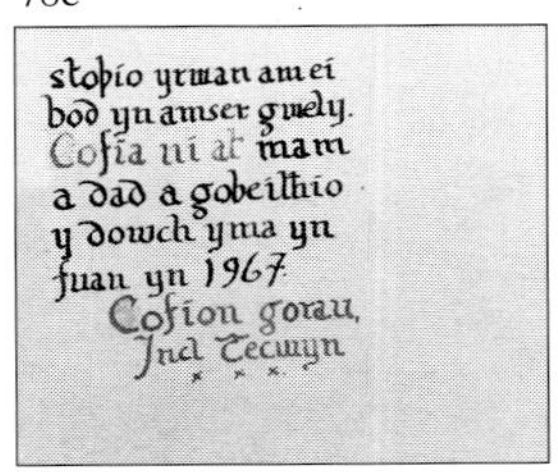
stopio yrwan am ei
bod yn amser gwely.
Cofia ni at mam
a dad a gobeithio
y dowch yma yn
fuan yn 1967.
Cofion gorau,
Yncl Tecwyn
x x x

78a/b/c. Cerdyn Nadolig o'i waith ei hun a anfonodd at Marian Hughes, y Gaer Goed, Glanrafon.

79. Cerdyn Nadolig o'i waith ei hun a anfonodd i'r Gelli Griafolen, Glanrafon, Corwen.

80. Cerdyn arall ganddo at ei berthnasau yn Y Gelli Griafolen, Glanrafon, Corwen.

79

Kalonog,
i Eirlys a Nesta
heb anghofio holl
dylwyth y brawd
yn y llun uchod a fu byw
tua 1450. Pob hwyl dros
Nadolig MCMLXXXI
Tecwyn

80

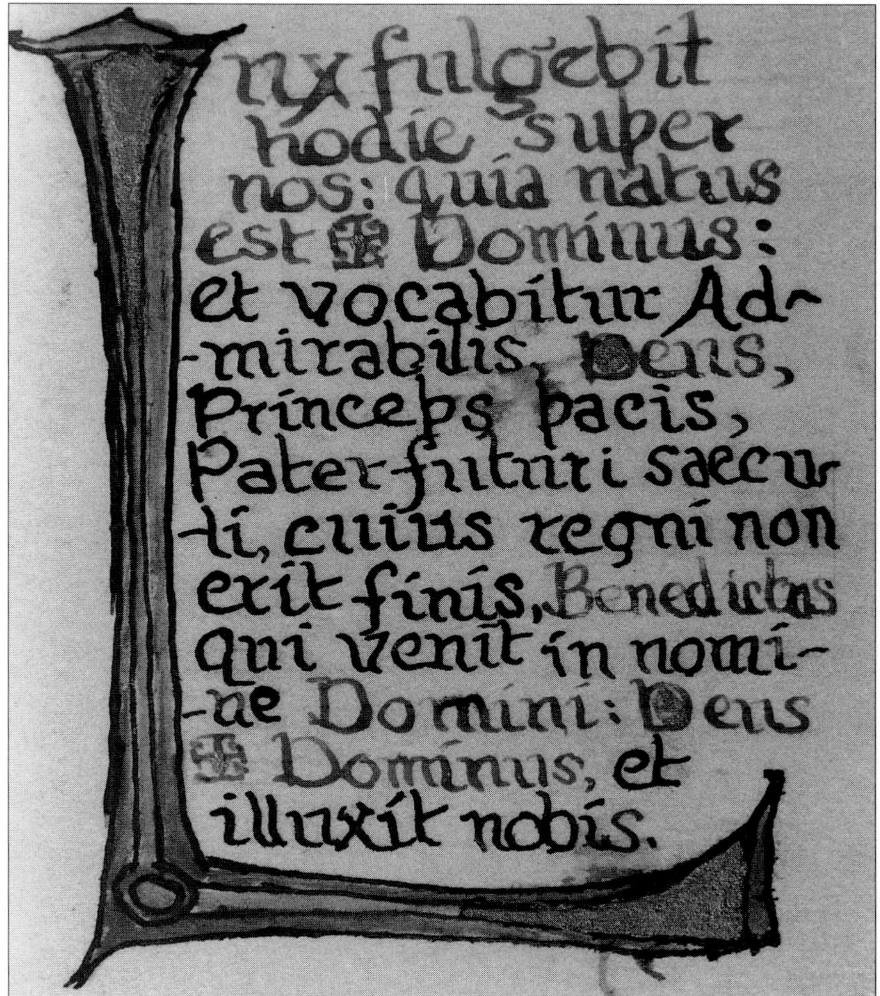
ux fulgebit
hodie super
nos: quia natus
est Dominus:
et vocabitur Ad-
-mirabilis, Deus,
Princeps pacis,
Pater futuri saecu-
-li, cuius regni non
erit finis, Benedictus
qui venit in nomi-
-ne Domini: Deus
Dominus, et
illuxit nobis.

81a

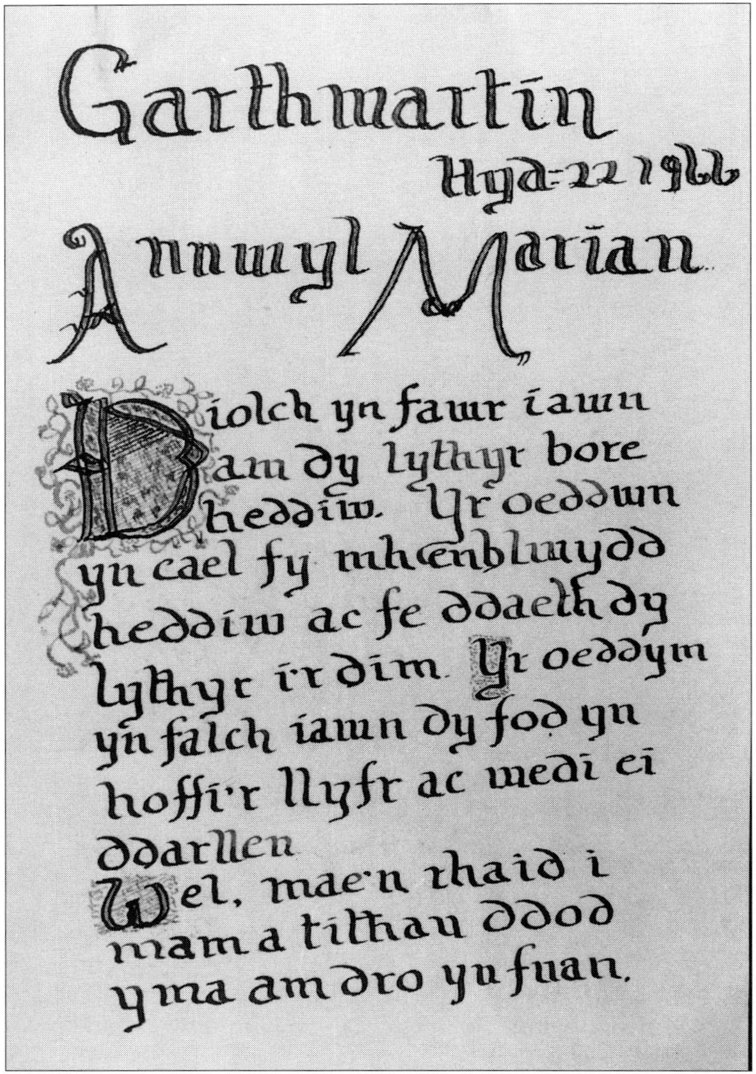

Garthmartin
Hyd 22 1966
Annwyl Marian
Diolch yn fawr iawn
am dy lythyr bore
heddiw. Yr oeddwn
yn cael fy mhenblwydd
heddiw ac fe ddaeth dy
lythyr i'r dim. Yr oeddym
yn falch iawn dy fod yn
hoffi'r llyfr ac wedi ei
ddarllen
Wel, mae'n rhaid i
mam a tithau ddod
yma am dro yn fuan.

81b

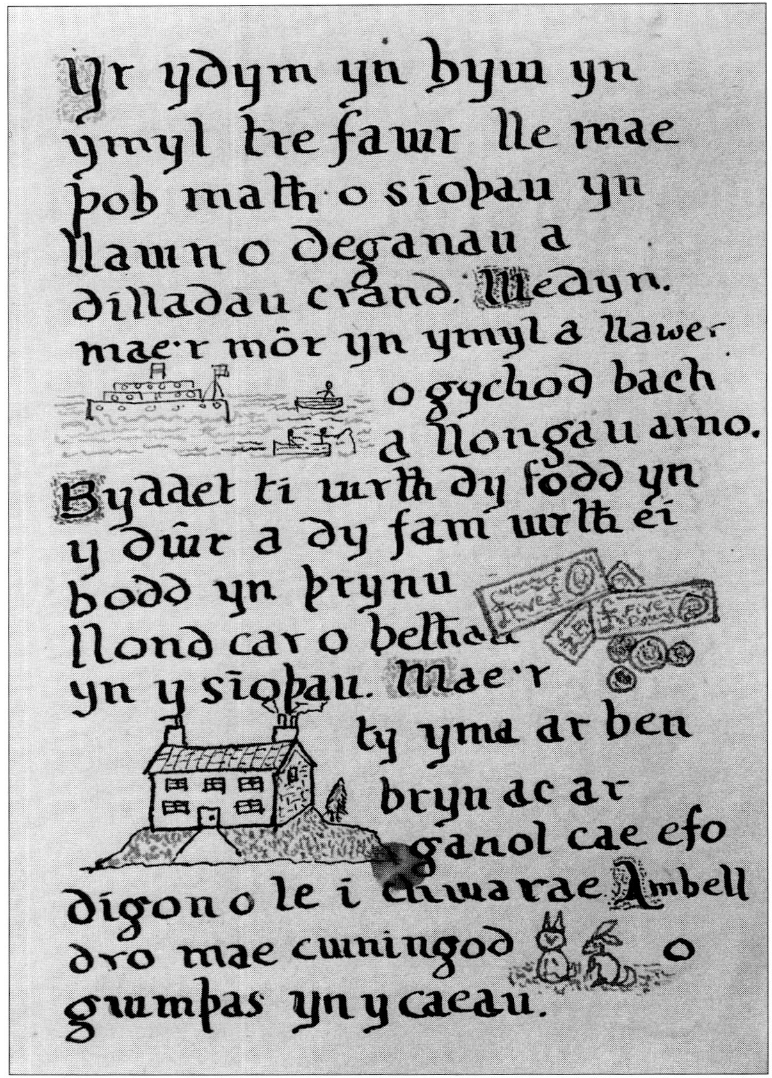

Yr ydym yn byw yn
ymyl tre fawr lle mae
pob math o siopau yn
llawn o deganau a
dilladau crand. Wedyn.
mae'r môr yn ymyl a llawer
o gychod bach
a llongau arno.
Byddet ti wrth dy fodd yn
y dŵr a dy fam wrth ei
bodd yn prynu
llond car o bethau
yn y siopau. Mae'r
ty yma ar ben
bryn ac ar
ganol cae efo
digon o le i chwarae. Ambell
dro mae cwningod o
gwmpas yn y caeau.

81c

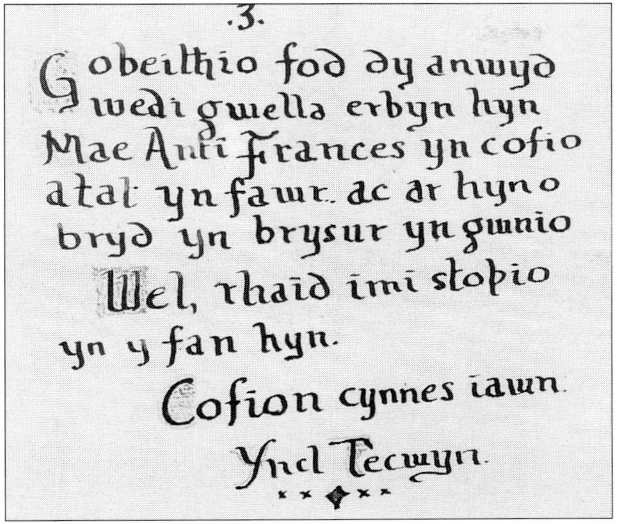

.3.
Gobeithio fod dy anwyd
wedi gwella erbyn hyn
Mae Anti Frances yn cofio
atat yn fawr. ac ar hyn o
bryd yn brysur yn gwnio
Wel, rhaid imi stopio
yn y fan hyn.
Cofion cynnes iawn.
Yncl Tecwyn.

82

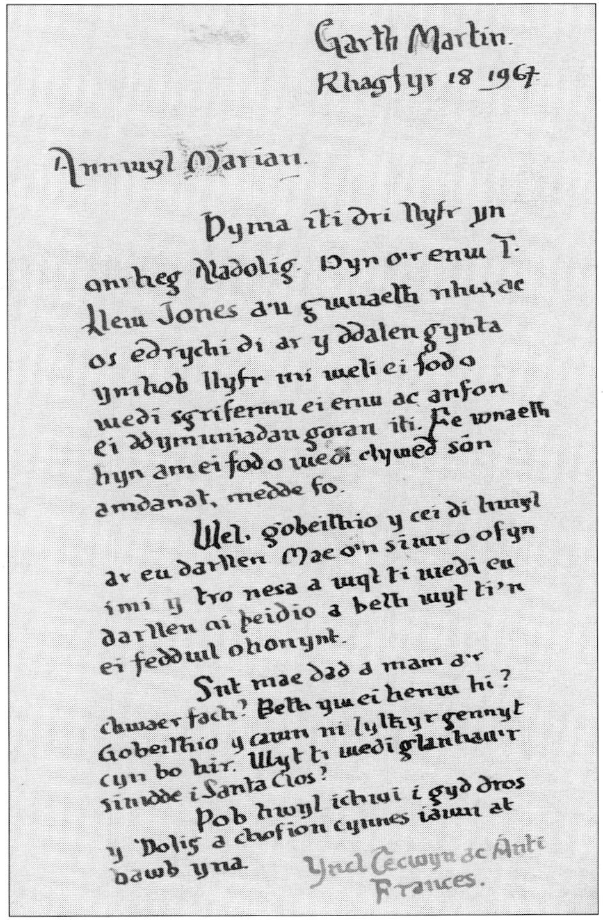

Garth Martin.
Rhagfyr 18 1967

Annwyl Marian.

Dyma iti dri llyfr yn
anrheg Nadolig. Dyn o'r enw T.
Llew Jones a'u gwnaeth nhw, ac
os edrychi di ar y ddalen gynta
ym mhob llyfr mi weli ei fod o
wedi sgrifennu ei enw ac anfon
ei ddymuniadau gorau iti. Fe wnaeth
hyn am ei fod o wedi clywed sôn
amdanat, medde fo.

Wel, gobeithio y cei di hwyl
ar eu darllen. Mae o'n siwr o ofyn
imi y tro nesa a wyt ti wedi eu
darllen ai peidio a beth wyt ti'n
ei feddwl ohonynt.

Sut mae dad a mam a'r
chwaer fach? Beth yw ei henw hi?
Gobeithio y cawn ni lythyr gennyt
cyn bo hir. Wyt ti wedi glanhau'r
simdde i Santa Clos?

Pob hwyl ichwi i gyd dros
y 'Dolig a chofion cynnes iawn at
bawb yna. Yncl Tecwyn ac Anti
Frances.

83

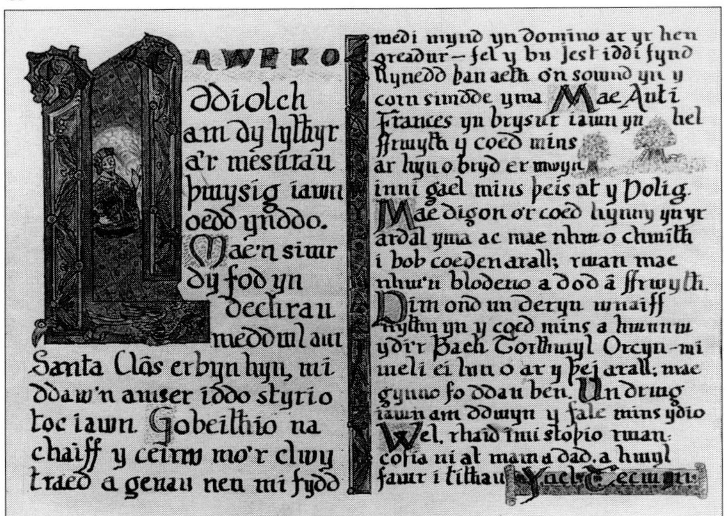

Nawer o
ddiolch
am dy lythyr
a'r mesurau
pwysig iawn
oedd ynddo.
Mae'n siwr
dy fod yn
dechrau
meddwl am
Santa Clôs erbyn hyn, mi
ddaw'n amser iddo styrio
toc iawn. Gobeithio na
chaiff y ceirw mo'r clwy
traed a genau neu mi fydd
wedi mynd yn domino ar yr hen
greadur – fel y bu jest iddi fynd
llynedd pan aeth o'n sownd yn y
corn simdde yma. Mae Anti
Frances yn brysur iawn yn hel
ffrwyth y coed mins
ar hyn o bryd er mwyn
inni gael mins peis at y Dolig.
Mae digon o'r coed hynny yn yr
ardal yma ac mae nhw o chwith
i bob coeden arall; rwan mae
nhw'n blodeuo a dod â ffrwyth.
Dim ond un deryn wnaiff
nythu yn y coed mins a hwnnw
ydi'r Bach Torthwyl Orcyn – mi
weli ei lun o ar y pej arall; mae
gynno fo ddau ben. Un drwg
iawn am ddwyn y fale mins ydio
Wel, rhaid imi stopio rwan:
cofia ni at mam a dad, a hwyl
fawr i tithau. Yncl Tecwyn.

81a/b/c. Llythyr a anfonodd Tecwyn at ferch i berthynas, Marian Hughes, ym 1966.

82/83. Llythyr, a cherdyn Nadolig, eto o'i waith ei hun.

84

85

85. John Lloyd, tad Tecwyn, gyda'i ail wraig, Ann Lloyd.

86. Trip Pencader i Bath and Wells gyda Frances, ei dad ac Ann Lloyd, tua 1967.

86

84. Tecwyn yn ŵr gwadd ar ddiwrnod y gwobrwyo yn Ysgol y Preseli.

87

88

Council for the Preservation of Nature,

Anti-antics Nico Bach street,

CWM- SGAWEN.
19.1.66.

Mrs. Dwysan Rowlands,
Hendre, Cefnddwysarn,
Llandderfel, Mers.

Dear Madam,

My attention has been drawn recently through verbal conversation whereby it was suggested that your good-self would be a likely candidate for interview and possible election for the post of "MOTHER SUPERIOR" for the Gorsedd ceremonies at the 1967 National Eisteddfod at Bala.

My Council at its last meeting was informed of this possibility and I have been instructed to write to you to express sincere concern and perturbation concerning the matter, especially owing to some unsavory tasks connected with this post. It will, no doubt, be known to you that one of the main objects of our Council is the preservation of the wild flora of the country and owing to previous raids and consequent damage to fern, honeysuckle, labernum, daises, lavender and primroses in areas coinciding with the venues of National Eisteddfodau, we are afraid that if you are selected, similar wanton damage on these rare species will be repeated in the notable Cefnddwysarn area.

May I, however, suggest a possible solution to our concern and your personal peace of mind by recommending to you that the composition of the floral "aberthgedd" be as follows:-

Caci-Mwnci(liberal quantities)
Sloes.
Rhubarb leaves(useful to Gwyndaf, Cynan and Bill Morris in case of emergency)
Willow canes.
Onions - fresh .
Garlic.
Cabbage leaves.

- the whole lot to be decorated with Chickweed.

I sincerely hope that you will be able to accomplish the above and I, together with my Council members will be looking forward to future Press reports of the putting into practical operation the worthwhile recommendation outlined above.

Failing this, I have to remind you that your husband being an elder of the Calvanistic faith has already pledged his life to preserve the little wild flowers of our Creator and he above all will be called upon to give judgement on his wife's floral creation.

Yours faithfully,

FORGET-ME-NOT. ?

Secretary to the Council

87. Tecwyn a Pero o flaen Garth Martin, Caerfyrddin, ei gartref ef a Frances cyn rhoi 'Cedarwood shingles' ar weddill y muriau.

88. Llythyr tynnu coes a anfonodd at ei gyfnither, Dwysan Rowlands, ar drothwy Eisteddfod Genedlaethol Y Bala, 1967.

89

89. Ar gwrs Rhyddiaith yng Ngholeg Iesu, Rhydychen, dan ofal Geraint Bowen, Mawrth 23–28, 1969. Gwelir Tecwyn yn eistedd yn y rhes flaen, yr ail o'r chwith. Ymhlith eraill yn y llun gwelir Gwyn Thomas (yn y rhes gefn), E. G. Millward (yn yr ail res, ar y chwith eithaf), Derec Llwyd Morgan (yng nghanol yr ail res), a'r Parchedig R. Tudur Jones, rhwng Tecwyn a Geraint Bowen. Yn y rhes flaen hefyd mae Syr Idris Foster a Bedwyr Lewis Jones.

90. Tecwyn gyda'i fam-yng-nghyfraith ac aelodau eraill o deulu Frances.

90

91

92

93

91. Trip i Norwy gyda Frances wrth ei ochr.

92. Ar ei wyliau yn Norwy, 1969.

93. Gildas Jaffrennou, cyfaill mawr Tecwyn, a mab i Taldir, Archdderwydd Gorsedd Llydaw.

94a

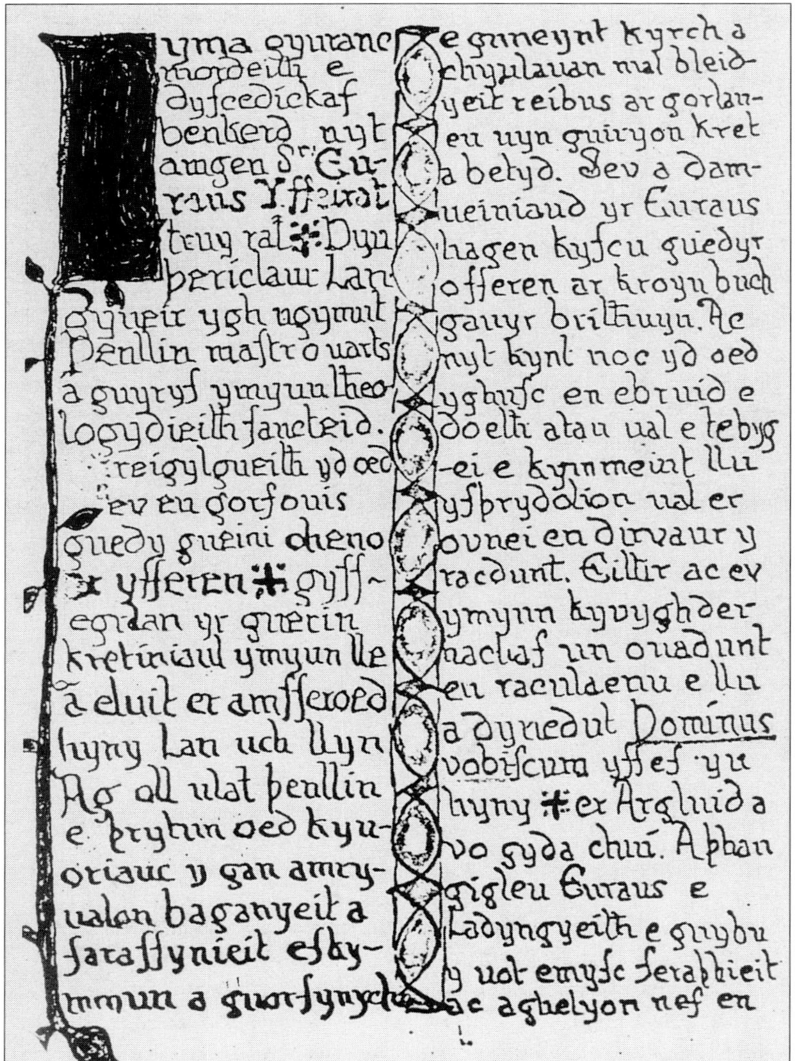
[H]lyma gyuranc
mordeith e
dyfcedickaf
benkerd nyt
amgen S^r Eu-
raus Y ffeirat
truy rat ✠ Dyu
periclaur Lan
gyueir ygh ngymut
Penllin maftr o uarts
a guyrys ymyun theo
logydieith fancteid.
Treigylgueith yd oed
ev en gorfouis
guedy gueini cheno
e ufferen ✠ gyff-
egrdan yr guerin
kretiniaul ymyun lle
a eluit er amfferoed
hyny Lan uch Llyn
Ag oll ulat penllin
e prytun oed kyu-
oriauc y gan amry-
ualon baganyeit a
faraffynieit efky-
mmun a guorfyngch
e gunneynt kyrch a
chyulauan mal bleid-
yeit reibus ar gorlan-
eu uyn guiryon kret
a betyd. Sev a dam-
ueiniaud yr Euraus
hagen kyfcu guedyr
offeren ar kroyn buch
gauyr briltiuyn. Ac
nyt kynt noc yd oed
yghufc en ebruid e
doeth atau ual e tebyg
-ei e kynmeint llu
yfprydolion ual er
ovnei en diruaur y
racdunt. Eiltir ac ev
ymynn kyvyghder
nachaf un onadunt
en raculaenu e llu
a dywedut Dominus
vobifcum yffef yu
hyny ✠ er Arglwid a
vo gyda chwi. A phan
gigleu Euraus e
Ladyngyeith e gwybu
y uot emyfc ferafhieit
ac aghelyon nef en

94b

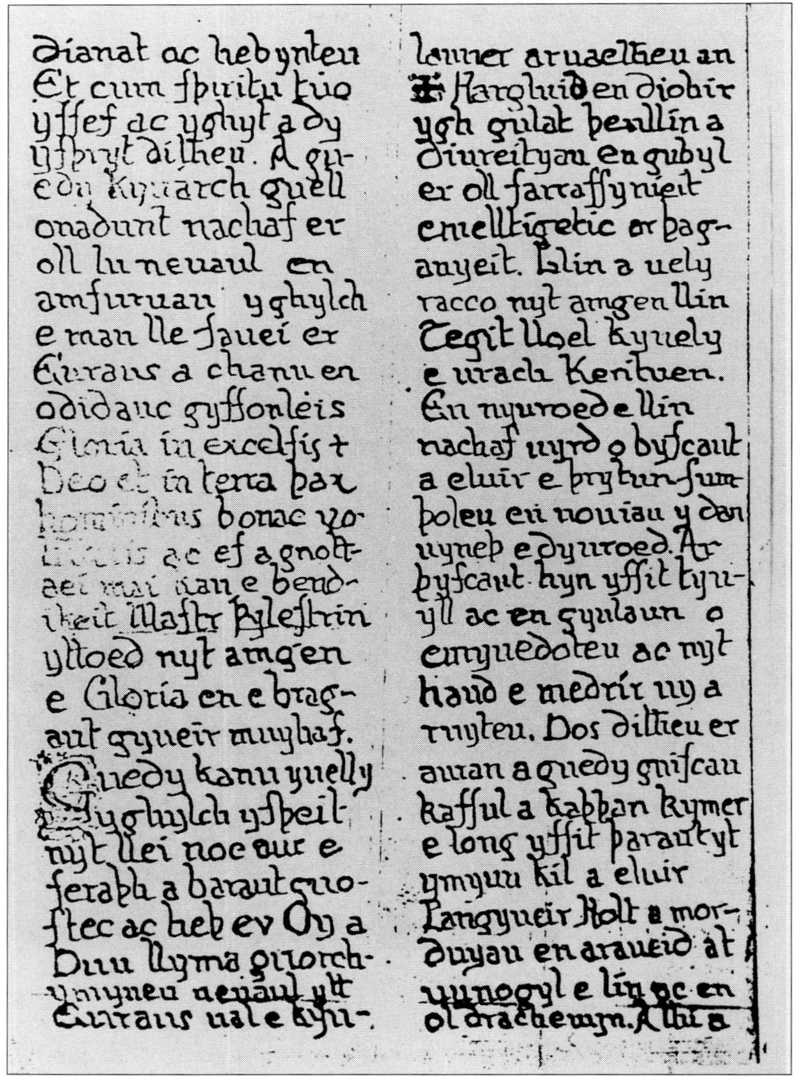
dianat ac hebynteu
Et cum fpiritu tuo
yffef ac yghyt a dy
yfpryt ditheu. A gu-
edy kyuarch guell
onadunt nachaf er
oll lu neuaul en
amfuruan yghylch
e man lle fauei er
Euraus a chanu en
odidauc gyffonleis
Gloria in excelfis +
Deo et in terra pax
hominibus bonae vo-
luntatis ac ef a gnott-
aei mal ual e bend-
ikeit Maftr Ryleftrin
yttoed nyt amgen
e Gloria en e brag-
aut gyueir muyhaf.
Guedy kanu yuelly
yghylch yfpeit-
nyt llei noc aur e
ferafh a baraut guo-
ftec ac heb ev Oy a
Duu llyma guorch-
ymyneu neuaul ytt
Euraus ual e kyu-
lunner aruaetheu an
✠ Harglwid en diobir
ygh gulat penllin a
diureityau en gubyl
er oll farraffynieit
emelltigetic er pag-
anyeit. Llin a uely
racco nyt amgen llin
Tegit Uoel kynely
e urach Kenfuen.
En nyuroed e llin
nachaf uyrd o byfcaut
a eluir e prytun-fum
poleu en nouiau y dan
uyneb e dyuroed. Ar
byfcaut hyn yffit tyu-
yll ac en gyulaun o
emyuedoteu ac nyt
haud e medrir uy a
truyteu. Dos ditheu er
awan a guedy guifcau
kafful a kappan kymer
e long yffit paraut yt
ymyun kil a eluir
Langyueir Holt a mor-
duyau en araueid at
uunogyl e lin ac en
ol dracheuyn. A thu a

94a/b. 'Buchedd Euraus Yffeirat', Tecwyn y cael ychydig o hwyl ar gorn Euros Bowen, y bardd. Disgrifiwyd y Fuchedd ganddo fel 'A fragment of the Life of Euraws from B. M. Addtl. MS 14,971, transcribed by John Jones of Gelli Lyvdy in the Fleet prison in London, and dated 1 April 1604'.

Guedy kanu yuelly yghylch yspeit nyt llei noc aur e seraph a baraut guostec ac heb ef, Oy a Dyu llyma guorchymyneu neuaul ytt Euraus ual e kyulauner aruaetheu an Hargluid eu diohir ygh gulat penllinn a pheri diureidiau en gubyl er oll sarrassynyeyt emelltigetic ar paganyeit. Llin a uely racco nyt amgen llin Tegit Uoel kyuely e urach Kerituen. En nyuroed e llin nachaf e llu muyhaf en e byt o byscaut a eluir e prytun summboleu en nouiau y dan uynep e dyuroed. Ar pyscaut hynny yssit tyuyll a chyulaun o enryuedoteu ac nyt haud e medrir uy a ruyteu. Dos ditheu er auran a guedy guiscau kassul a kappan kymer di e long yssit paraut ytt ymyun kil a eluir Langyueir Holt ac odyna morduyau en araueid at uunogyl e llin ac en ol dracheuyn. A thi a .../

(Diwedd y dryll o'r fuchedd a welir ar ddechrau *Peniart* 91: memrwn c: 1320. Parheir gweddill y fuchedd mewn dryll diweddarach yn llsgr: John Jones, Gelli Lyfdy, sef B. M. Addtl. MS 14, 971.)

Buchedd Euraus Yffeirat

LLYMA gyuranc mordeith e dyscedickaf benkerd nyt amgen Sr Euraus Yffeirat truy rat Dyu periclaur Llangyueir ygh nghymut Penllin maŝtr o uarts a guyryf ymyun theologydyeyth sancteid.

Treigylgueith yd oed ev en gorfouis guedy gueini oheno er yfferen gyssegyrlan yr guerin kretiniaul ymyun lle a eluit er amsseroed hyny Lan uch llin. Ag oll ulat Penllin e prytun oed kyuoriauc y gan amryualon baganyiet a sarrassynieit eskumun a guoruynych e guneynt kyrch a kyulauan mal bleidyeit reibus ar gorlaneu uyn guiryon kret a betid. Sev a damueiniaud yr Euraus hagen kyscu guedyr yfferen ar kroyn buch gauyr brithuyn. Ac nyt kynt noc yd oed yghusc en ebruid e doeth atau ual e teybyckei e kymmeint llu ysprydolion ual er ounei

95a

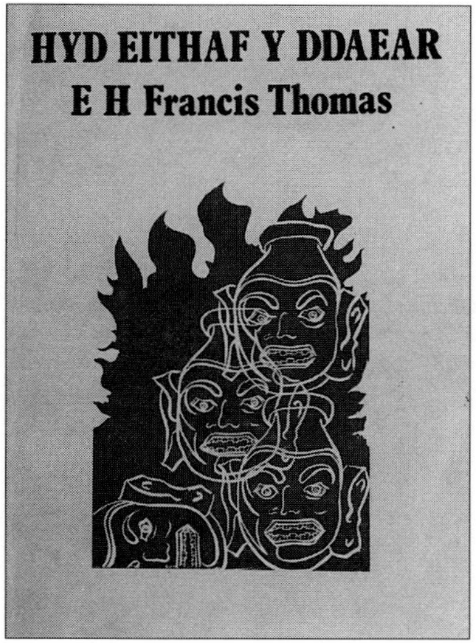

95b

en diruaur y racdunt. Eithyr ac ef ymyun kyvyghder nachaf un onadunt eu raculaenu e llu a dyuedit *Dominus vobiscum* yssef yu hyny er Argluid a uo gyda chui. A phan gigleu Euraus e Ladyngieith e guybu y uot emysc seraphyeyt ac aghelyon nef en dianat ac heb ynteu *Et cum spiritu tuo* yssef ac yghyt a dy yspryd ditheu. A guedy kyuarch guell onadunt nachaf er oll yniuer neuaul en amfuruyau yghylch y man lle sauei Euraus a chanu en odidauc gyssonleis *Gloria in excelsis Deo et in terra pax hominibus bonae volutatis* ac Euraus a gnotaei mai kan e bendickeit Mastr Pylestrin yttoed nyt amgen e Gloria en y bragaut gyueir muyhaf.

95a/b/c/ch/d. Rhai o lyfrau Tecwyn: *Hyd Eithaf y Ddaear* (dan y ffugenw E. H. Francis Thomas; 1972); *Y Wers Rydd a'i Hamserau*, Darlith Lenyddol Eisteddfod Genedlaethol Caernarfon a'r Cylch, 1979; *Drych o Genedl* (1987); *Llên Cyni a Rhyfel a Thrafodion Eraill* (1987) a *John Saunders Lewis* (1988).

95c

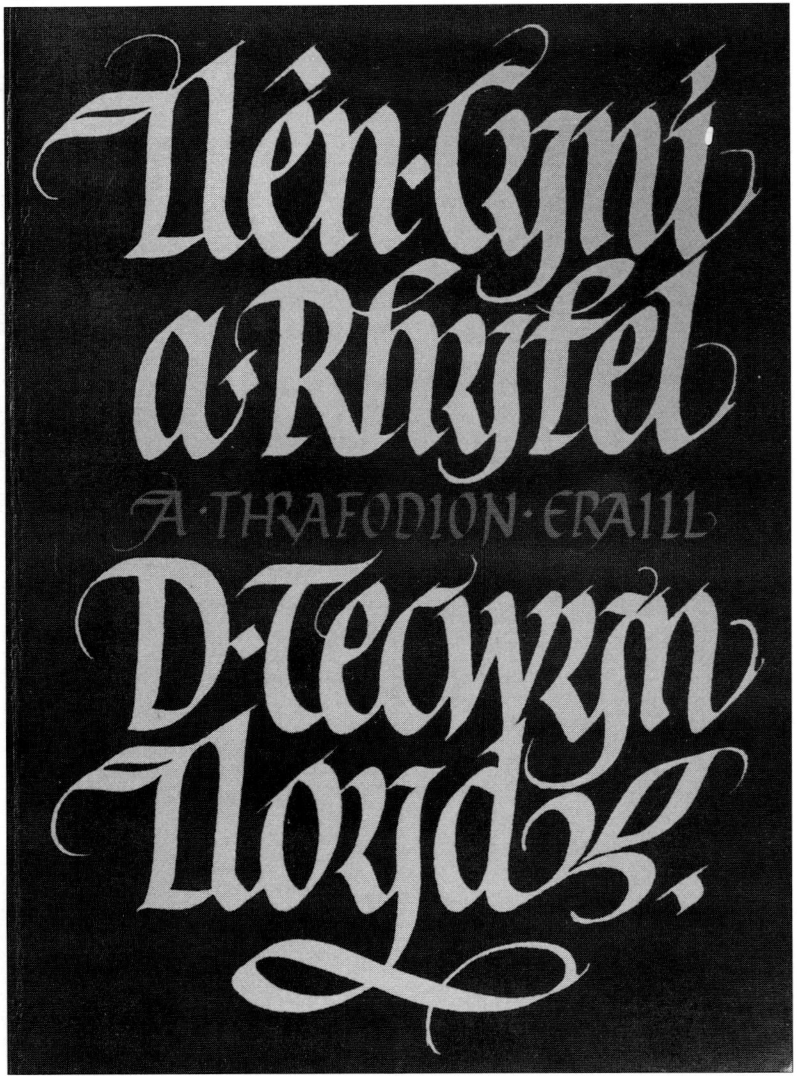

95ch

95d

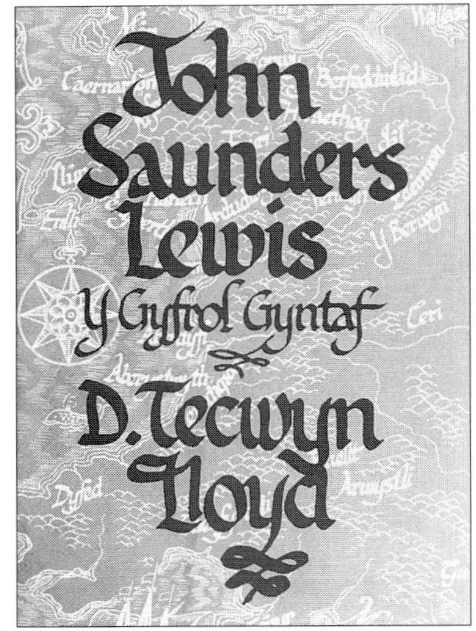

96

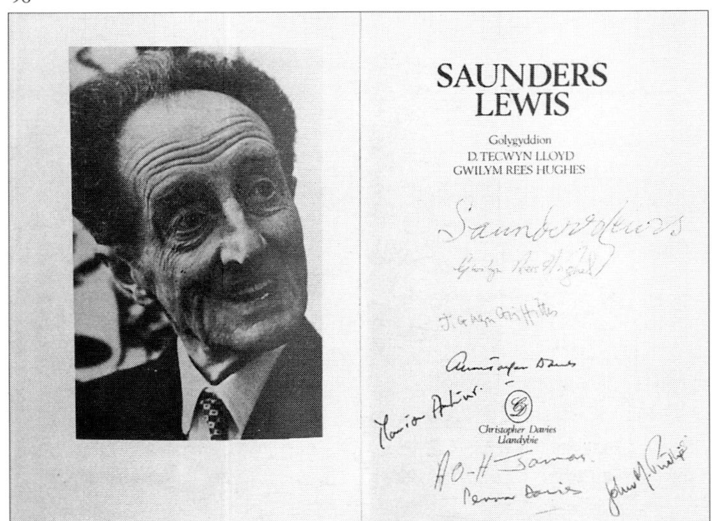

97

98

96. Blaen-ddalen y gyfrol *Saunders Lewis*, a olygwyd gan Tecwyn a Gwilym Rees Hughes (1975).

97. Gyda Frances, ei wraig gyntaf.

98. Ar ddiwrnod priodas Eilir a Heulwen, Yr Hendre, Cefnddwysarn, ym Mryn Morfudd, Llanrhaeadr, Rhuthun 1973.

99

100

101

102

103

99. Gyda John Edwards, Tŷ Tan Dderwen, Glanrafon, y tu allan i gyntedd Gwesty'r Foelas, Pentrefoelas, 1979.

100. Gyda Frances, Mehefin 1979.

101. Maes yr Onnen, Maerdy, ei gartref o 1980 ymlaen.

102. Gyda Mrs Gwyneth Lloyd, y tu allan i'w cartref, Maes yr Onnen, Maerdy.

103. Gregynog, 1984: cwrs ar waith R. Williams Parry.

104

105

104. Ym mharti priodas Nesta Wyn Jones a Gwilym, gyda Gwerfyl Pierce Jones wrth ei ochr, Mehefin 1982.

105. Tecwyn yn Eisteddfod Genedlaethol Llanbedr Pont Steffan a'r Fro, 1984.

106. Gyda John Roberts Williams ar faes Eisteddfod Genedlaethol Llanbedr Pont Steffan, 1984.

107. Mwynhau ymgom yn Eisteddfod Genedlaethol Y Rhyl, 1985.

106

107

108a

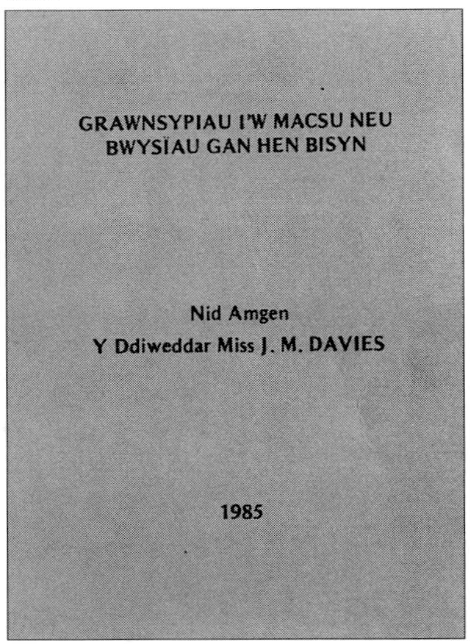

108a/b/c. Creodd Tecwyn 'fardd modern' er mwyn dychanu rhai tueddiadau mewn barddoniaeth Gymraeg yn ystod y chwedegau a'r saithdegau. Cyhoeddodd gyfrol o'i gwaith.

Cyflwyniad

Er fod Miss Davies mewn Gwth o oedran pan ddechreuodd farddoni, dengys ei gwaith gymaint fu dylanwad beirdd ieuaingc Cymru y Chwedegau a'r Saithdegau yn y ganrif hon ar ei Hawen. Fel y cofir, yr oedd ein Beirdd Ieuaingc y pryd hwnnw yn bur chwannog i ddynwared dulliau rhai o Feirdd Canolbarth Ewrop, Pwyl a'r Balcanau, etc: gan arddel mewn cromfachau mai 'yn ôl' y beirdd hynny y canent hwythau. Bu hwn, rhaid dweud, yn gyfnod arbennig o ddiwyd mewn dysgu ieithoedd y rhannau hynny o'r byd, ac er gwaethaf ei Hoed, ymroes Miss Davies ati i ddilyn yr un Ffasiwn. Pleser yn awr yw cyflwyno ei Grawnsypiau yn un llond Cerwyn gyda'i gilydd ond ysywaeth, nid yw hi gyda ni Mwyach i flasu Gwin y pleser a ddaw o weld ei Gwaith yn gynulledig. Fodd bynnag, carem ddiolch i'r Argraphwasg am waith glân canys nid hawdd yw cysodi Barddoniaeth 'Fodern'.

1985 Y CYNULLYDD

Atgofion

(ar ôl fy hunan)

Peth od
yw gweld y goeden bell
yn chwifio
fel breichiau fy nghariad yn hongian
dillad y
babi
ar lein blastig.
Erbyn meddwl a naddu
rhaid
bod gwynt go
gryf yn
chwythu
fan acw.

b. **Mynd a Dod**

(ar ôl Oomf Baumfüssen)

Nid 'run
fath
Yw pwythau nodwydd
ar
Y tu chwith o'r brethyn
ag
ar yr ochr sydd yn
wynebu fy nghariad.

c. **Gwrthfater**

(ar ôl Snork Smörbrot)

Rhyfedd rhyfedd
yw
carreg a thwll.
Ar un olwg mae'n
garreg
ac ar
ryw olwg
mae'n
dwll.

109

109. James Nicholas, beirniad cystadleuaeth y gadair, a Tecwyn bardd y gadair, yn Eisteddfod Llangwm, 1988.

Eisteddfod Gadeiriol Llangwm
1988
Cerdd y Gadair

Pentref

Breuddwyd Huw Derfel mewn storm ar Ferwyn
Fu gweld byd yn deilchion;
Nid breuddwyd mo'i freuddwyd weithion.

Tai Llandderfel, a'm gwân eu gweled,
Wedi colli eu Cymry;
Bid melltith i'r muriau hynny.

Tai haf Llandderfel, hendre olwynion
Ceir porthiannus ar wyliau:
Saeson yn bwrw Suliau.

Mor fyw fu'r siarad Cymraeg unwaith;
Merched y tai â'i gilydd;
Craffu am bob stori newydd.

Nid trist oedd y Groglith yng ngŵyl Llandderfel
Pan fu canu'r plant a'u corau
Yn dryllio pob maen ar fedd cau.

O'r lle hwn unwaith daeth dysgedigion
A beirdd, ond anghofir
Miall, Dewi Hafesb; nid hir
Eu coffa mewn Seisdir.

Ifan Robert, pwy a'i cofia heno?
Dyfal hanesydd gwerin,
Bellach yn ei dŷ deyerin.

D.J., Sion Ifan, Llwyd o'r Bryn,
Siôn Wiliam englynwr,
Ifan Rolant y Gist, bencampwr,
Ni bu air nad adwaenai'r gŵr.

Ni bu air o Gymraeg na chynghanedd
Nas medrai Ifan;
Yn ei awdl i'r tyddynnwr truan
Yr oedd calon o dân!

Parri'r Gof, nid agorai ei efail
Ar ddydd yr eisteddfod;
Hael ei groeso rhwng dau gyfarfod.

Yma sawl tro bu Bob Hafesb yn llawen
Wedi trwyth Bryntirion:
Heddiw, Saeson di-sgwrs, surion.

Tomos Henri'r saer, pwy a'i cofia?
Dyfal drysorydd gŵyl y Llan.
Pe gwyddai ddianc y Gymraeg o'r fan
O'i fedd neidiai allan.

Gruffydd Risiart fu'n weinidog Saron;
Ei bregeth nid difraw
Rhag mathru'r sheceina'n y baw.

Capel Rama, bu'n fud ers blynyddoedd,
Ond ni chlywir ochain
Amdano gan neb o'r iaith fain.

Yn y tai mawr pwy sy'n trigo heno –
Bryn Banon, Bodwenni?
Nid Cymry mewn dim un o'r rheini.

Gwesty bolrythion yw'r Pale mwyach,
　Lle bu meistr tir unwaith
Yn cadw'r holl bentre mewn gwaith.

Eglwys San Derfel, pwy a'i cyrch heno
　Rhwng canrifoedd ei beddau
Ar alwad y gloch? Un neu ddau.

Corfflan yw'r Eglwys, man huno;
　Diwedd taith, nid cychwyn
I'r Cymry y troes Duw yn eu herbyn.

Troes Duw ei wyneb oddi wrth y Cymry
　A werthodd yn afrad
Hendrefau er elw marchnad.

Bentref Llandderfel! Mor ddi-atgof ei werin;
A oes undim yn bod
All ei edfryd trwy unrhyw gyfamod?

110

111

112

110.　Cadair Eisteddfod Llangwm, 1988.

111.　Ar lwyfan yr eisteddfod ddydd y cadeirio gyda'r diweddar Parchedig Rhys Tudur a'r Parchedig Huw Jones yn gweinio'r cledd.

112.　Dadorchuddio cofeb Llwyd o'r Bryn yng Nghapel Cefnddwysarn; o'r chwith: R. J. Rowlands, Y Bala, Tecwyn ac Ivor Owen, Llanuwchllyn.

113

113. Yn edrych trwy faril ei reiffl.

114a/b. Dyma fi'n sgrifennu'r frawddeg hon ganol Tachwedd 1986. Trwy ffenestr y stafell lle'r eisteddaf, 'rwyf yn gweld cornel o Ffridd Isa' a darn o'r ffordd i Ben-y-bryn, fy hen gartref, sy'n ei chroesi ar letraws; y cwbl lai na milltir fel yr hed y frân, o'r tŷ yma. Dacw'r ffordd yr aem hyd-ddi pan oedd rhaid ymweld â'r byd mawr y tu allan i gaeau Pen-y-bryn a chwm cul Cymysgadw: cerdded, beicio, trol a cheffyl i'r felin ac i'r glo; wedyn, ymhen rhai blynyddoedd, car: i lawr drwy'r Ffridd at Dy'n-rhyd ac wedyn ar hyd ffordd y cwm, – hen ffordd y pererinion o Dreffynnon i Dyddewi – nes cyrraedd y ffordd fawr wrth dafarn y Cymro, yr Holihed, neu'r A pump gan genedlaethau diweddarach. Ffordd i fynd a ffordd i ddod.

'Ffordd Ffridd Isa', Cofio Rhai Pethe ... a Phethe Eraill (1988)

114a

114b

115

116b

116a

CYLCH LLENYDDOL BRO GLYNDŴR

CINIO ANRHYDEDDU

Y Dr. D. TECWYN LLOYD, M.A.

Ar Achlysur derbyn ohono y Radd

ac Anrhydedd 'Doethor'

gan

Brifysgol Cymru

Cynhaliwyd y Cyfarfod Yng Ngwesty'r Cyfnod, cyn adeilad Ysgol Ty Tandomen, Y Bala.

Nos Fawrth, 20 ed. o Chwefror, 1990.

115. Côr Meibion Glyn Dŵr yn Eisteddfod Genedlaethol Llanrwst, 1989. Gwelir Tecwyn yn sefyll yn yr ail res o'r cefn, y pumed o'r dde.

116a/b. Taflen a wnaed ar gyfer swper dathlu ei ddoethuriaeth yn Neuadd y Cyfnod, Y Bala, gan Gylch Llenyddol Bro Glyndŵr, gyda chartŵn gan E. Meirion Roberts ar y clawr.

117

118

117. Tecwyn yn cael ei dderbyn i Orsedd Eisteddfod Powys yng Nghorwen gan y Parchedig Roger Hughes, tua 1944.

118. Aelodau o Bwyllgor Eisteddfod Powys yn yr wythdegau; gyda Sioned Penllyn a Gwilym Rhys.

119

120

119. Tecwyn, yn rhinwedd ei swydd fel Derwydd Gweinyddol Eisteddfod Powys, yn cyhoeddi Eisteddfod Powys ym Machynlleth, Hydref 1988.

120. Ymweliad Gorsedd Môn ag Eisteddfod Powys yng Nghorwen yn yr wythdegau. Tecwyn gyda R. J. H. Griffiths (Machraeth), Derwydd Gweinyddol Gorsedd Beirdd Ynys Môn.

121. Gorymdaith Gorsedd y Beirdd, Eisteddfod Powys, Y Bala, 1991. Ar y chwith i Tecwyn yn y siandri mae Trefor Owen, Cofiadur Gorsedd Powys, a chefnder i Gwyneth, priod Tecwyn.

121

122

123

124

122. Tecwyn yn cyflawni ei swyddogaeth dderwyddol.

123. Ar achlysur ei dderbyn yn Gymrawd Anrhydeddus Prifysgol Cymru, 'Doethur mewn Llenyddiaeth', Gorffennaf 14, 1990. Gyda'r Athro Rees Davies

124. Gyda'r Athro Bedwyr Lewis Jones ar yr un achlysur.

125. Gydag aelodau o'r teulu a chyfeillion ar yr un achlysur.

125

126

126. Ymhlith y dysgedigion ar achlysur ei dderbyn yn Gymrawd Anrhydeddus Prifysgol Cymru.

Y rhes gefn (o'r chwith): yr Athro Bedwyr Lewis Jones, Dr Dannie Abse, Syr David Nicholas, yr Athro Lance Thomas, yr Athro Syr Herbert Duthie, Syr Aubrey Trotman-Dickenson.

Y drydedd res: y Parchedig Athro Gwilym H. Jones, Dr D. Tecwyn Lloyd, y Gwir Barchedig George Noakes (Archesgob Cymru), yr Athro Syr Robert Shields, yr Athro R. Geraint Gruffydd.

Yr ail res: Syr Donald Walters, yr Athro R. R. Davies, Dr Emyr Humphreys, y Gwir Anrhydeddus Arglwydd Morris, yr Athro Gareth Roberts, Mr T. Elwyn Griffiths, yr Athro Hywel Teifi Edwards.

Y rhes gyntaf: Syr Melvyn Rosser, Dr Alan Kemp (Cofrestrydd), yr Athro Eric Sunderland (Is-ganghellor), Y Gwir Anrhydeddus Arglwydd Cledwyn o Benrhos, yr Athro Glyn O. Phillips, yr Athro Kenneth O. Morgan, Mr Rhydwen Williams.

127

128

129

130

131

127. Cylch Llenyddol Bro Glyndŵr yn dathlu'r Ddoethuriaeth yn Y Bala.

128. Aelodau o Gylch Llenyddol Bro Glyndŵr yn dathlu achlysur ei ddyrchafu'n Ddoethor mewn Llenyddiaeth gan Brifysgol Cymru yn Neuadd y Cyfnod, Y Bala, hen Ysgol Tŷ Tan Domen gynt.

129. Mr Huw G. Roberts yn cyflwyno'r dysteb iddo.

130. Swper i ddathlu ei ddoethuriaeth yn Neuadd y Cyfnod, Y Bala.
O'r chwith: Tecwyn, Gwladus Roberts a Mrs Gwyneth Lloyd.

131. Tecwyn yng nghwmni R. Geraint Gruffydd.

132. Un o gerddi'r saga am 'Ned Sera Jôs', tair stori fydryddol gan Tecwyn am gowboi dychmygol.

SALOON DON PEDRO, neu DDRYCH O FILEINDRA:
SEF hanes Dysymyl am Waedlyd Gwffas mewn Tafarn Iselwael
yn y Far West rhwng Ned Sera Jos Pantyrodyn
ac amrai Gringoes, Gauchoes, etc:

'ROEDD *saloon* Don Pedro yn gyrchfan i lawer,
Carnladron, mwnwyr, Llofruddion ysgeler;
Pan âi pethau'n rhy Boeth, dihengai'r Barman i'r seler:
Anaml yr âi *Bullet* yno yn ofer!

Gringoes, *half-breeds*, *gauchoes* o'r De,
Troseddwyr o'r Andes, *scum* Santa Fe;
Mae'n anodd i'r hen Gomero ddychmygu'r fath le
Canys magwyd o'n Gul ar gawl erfin a The.

Rhegfeydd arswydus oedd iaith y *Saloon*,
Bygythion a chrechwen fel cyfarth Cŵn;
Llwon yn gwibio fel poer Bacco i *spitoon* –
Nid yw'n hawdd hel geiria' i ddisgrifio'r sŵn!

'Roedd yno ddiodydd
A llymion Wirodydd
Nas profir ond unwaith neu ddwywaith mewn Oes!
Gwirod y Goeden *Gum* –
Dim ond Dŵr glân wrth hwnnw yw *Rhum*:
Llif-tân yr Indiaid Cochion –
Gall hwn chwalu Gwydryn cyffredin yn deilchion.
Ac Ufel ofnadwy yw trwyth y Banana
Gall beri'r Enyddglwyf i'r slotiwr caleta'
A pheri i'w Goluddion ysu fel tanchwa.
Wrth ymyl y rhain, nid yw *Gin* a *Whiskey*
Ond stwff i blantos pan fo'r Gwynt yn eu poeni.
A phe beiddiai rhyw Laslanc roi order am Frandy
Byddai'r *Gringoes* wedi ei *hustlo* o'r *saloon* yn bur handi:
Ah! Senor, ni fyn Pedro geiliogod dandi!

Modd bynnag, un dydd Gwener, yn hwyr brynhawn,
A'r Bar a'r *parlour* eisoes yn llawn,
A phob Gwibedyn yn dianc orau medro
Dyma farchog llychlyd at *saloon* Don Pedro:

Fe droes pob cilwg i gyfeiriad yr hiniog
A phob bawd yn anwesu Cyllell finiog,
A daeth rhyw dawelwch bygythiol rhyfedd
Fel petai'r Byd yn tynnu am ei Ddiwedd!
'Roedd Don Pedro ei hun y tu ôl i'r Bar
Yn torchi ei lewis a chosi ei war:
Wrth y byrddau 'roedd Gonzales y Llygad Cam,
Venizelos y Gwaedwr, Hugh-Cariad-ei-Fam,
Don Jose'r Blingwr a Bill al Sugo,
A Sihui'r Saeth Boeth o Tierra del Fuego,
A Sais o'r enw Jim-lie-Doggo;
A llawer o rai tebyg; mewn Nodyn isod
Rhoddwn enwau'r gweddill er mwyn arbed Gofod.

I ganol y pentwr Dieflig hwn
Daeth y Marchog llychlyd heb na chyllell na Gwn;
Edrychodd yn swil o'r braidd ar y Cwmni
Ond camodd ymlaen at y Bar yn bur heini;
Yntau'r Don Pedro, yn ôl ei ddull
A roes wên lydan faleisus ar ei wyneb hyll –
Ac un llaw dan y Counter i lacio ei Ddryll!

132

'*Aha Senor*,' meddai, 'dyma'r tro cynta'
Imi'ch gweled dan gronglwyd fy ngwael *hacienda*.'
Ni syflodd giewyn ar wyneb y marchog
Ond pwysodd ei benelin ar y *Counter* ceingciog:
'Wel, dowch amigo,' meddai Pedro wedyn,
'Mae'n siŵr y leiciech brofi dyferyn.
Beth fydd o senor? Mae gennyf yma
Wirodydd Gomaboli, liquores Marsala ... '
Ar hyn, poerodd y marchog un gair – 'Sarsparila!'

'*Ah Senor*,' meddai Pedro, ''dych chi ddim yn deall mi wela' –'
Ond ailddwedodd y marchog, '*I sez – sarsparila*!'
Ow, beth pe gwelech y gwynebau Anhygar,
A phob bys yn prysur ddolennu am drigar!

Yn araf estynnodd Pedro lasied o'r Ddiod
Ond cyn i'r marchog ei yfed i'r gwaelod
Dyna grechwen Uffernawl ... fflach ac ergyd
A'r gwydryn yn deilchion, a'r holl le'n symud;
Cyllyll a phestyl yr holl erch frawdoliaeth
Yn barod ar amrantiad i Hyrddio marwolaeth –
Dyna danio a sgrech! Ow'r nef a'n gwaredo
Mae'r gwaed yn gwneud *Mapp* ar Din Don Pedro!!
Maluriaw cadeiriau a phlatiau'r Treseli
Darnio byrddau a saethu Poteli –
Esgyrn yn crackio, dillad yn rhwygo,
Gruddfanau yn cydgordio â sio'r Bwledi!
A thoc gwaeddodd Gonzales o ganol y gethern
'Nid dyn ydyw hwn ond *diavolos* o Uffern!'

Ond yma tynnwn y Llen am ennyd
Rhag ofn i'r hen Gomero *faintio'n* ddisyfyd.

Ymhen hanner awr, 'roedd y *Saloon* mewn hedd
A saith o Gauchoes wedi camu i'r Bedd!
Venizelos yn gorwedd mewn Llyn o Waed,
Don Pedro'n glwyfau o'i ben i'w draed;
Gonzales wedi colli un llygad mileinig
A Sihui'r Saeth Boeth wedi torri ei Leingig;
Hugh-Cariad-ei-Fam wedi rhwygo gïau
A Bill-al-Sugo yn gwbl ddigeilliau!

Ond uwchben yr alanas Drist a galarus
Safai'r marchog yn berffaith hyderus!
Ac meddai toc, 'Wel yrwan, mi wela'
Y ca'i lonydd i orffen fy *sarsparila*!'

'Ah buenos Dios,' meddai Don Pedro yn isel-o,
'Beth ydych chwi *senor*, ai dyn neu Archangel-o?'

Sythodd y marchog, rhag i neb ddod yn agos,
'Ym Mexico,' meddai, 'fi yw Don *NEDSERAJOS*!
'Rwy'n ddychryn i bawb o Nebraska i Badajos!!'
Gwenodd yn hyllig a charthodd rhwng ei Ddannedd,
''Rwyf i yma i sychu pob *Saloon* yn gyfannedd
Dros GYMDEITHAS DIRWEST MERCHED GWYNEDD!'
Ac yma mae'r Hanes yn terfynu: Diwedd.

133

133. Tecwyn yn ymlacio gyda chath a llyfr.

134

135

134. Llun o Tecwyn yng nghanol ei bethau a'r 'pethe' gan Meirion Roberts

135. Tecwyn yn traddodi yn y Babell Lên, Eisteddfod Genedlaethol Casnewydd, 1988.

136

137

136. Wrth fedd Hedd Wyn, taith i Fflandrys, Gorffennaf 1992.

137. Y llun olaf a dynnwyd ohono: ffarwelio â Fred Green o Batagonia yng Ngwesty'r Eryrod, Llanuwchllyn, Awst 1992.

138a

D. Tecwyn Lloyd 1914-1992

NOS DA, LLOYD

Yng ngwlad yr Erimotiaid, mae galaru mawr. Dros y Sul, fe gollodd y bobol hynod hynny o Dde America eu cyfaill penna'.

Yn nyfnderoedd Tibet hefyd, mae wylofain a phwy a wyr na chollodd y Diafol ei hun ddeigryn neu ddau.

Pan fu farw D. Tecwyn Lloyd, fe aeth awdur Pumed Cainc y Mabinogi, partner y cowboi Ned Serajos a thad yr hen ferch farddonol, J.M. Davies.

Ar ben y cyfan, fe gollodd nifer fawr o bobol eu hoff lythyrwr, sgwrsiwr a thynnwr coes ac fe gollodd Cymru un o'i sgrifenwyr rhyddiaith gorau.

Wrth i'w gyfeillion siarad amdano, y peth mawr am D. Tecwyn Lloyd oedd ei ffordd ddi-rwysg o gario'i ddysg a'i ddiwylliant. I'r darlithydd addysg oedolion o linach Llwyd o'r Bryn, roedd casglu a thrin gwybodaeth yn ffordd o fyw. Roedd hefyd yn anferth o hwyl.

"Mae yna liw wedi mynd o fywyd rhywun," meddai'r canwr gwerin a'r athronydd, Meredydd Evans. "Dwi wedi mwynhau bywyd efo fo ac mi fwynhaodd yntau."

Yn ystod yr Eisteddfod eleni, roedd y ddau a'u ffrind mawr arall, y newyddiadurwr John Roberts Williams, yn ôl efo'i gilydd mor hwyliog ag erioed.

Unwaith y bydd cyfeillion fel yna'n dechrau siarad am D. Tecwyn Lloyd, mae blynyddoedd o chwerthin yn llenwi'u lleisiau ac edmygedd yn cael ei atalnodi gan lif o straeon rhyfeddol ...

Amdano'n dyfeisio diwylliant yr Erimotiaid, pobol sy'n byw mewn ceunant dwfn iawn yn Ne America. Oherwydd cyfyngder y ceunant, pwysau yw elfen benna'u diwylliant; yr *All-weighty* yw Duw a'r Diafol y peth ysgafna' posib - anadliad o'r enw "Ha" ...

Amdano'n twyllo Bob Owen Croesor gyda'i faledi am Ned Sera Jôs, a aeth i America yn gowboi chwim-ddryll cyn mynd am Mecsico a throi'n Ned Serajos ...

Doedd Miss J.M. Davies yn ddim ond un o nifer o feirdd a ddyfeisiodd a doedd Pumed Cainc y Mabinogi yn ddim ond un o doreth o ddogfennau hanesyddol gwerthfawr a ddyfeisiodd o ...

Un o'i ddyfeisiadau enwoca' oedd E.H. Francis Thomas, y sgrifennwr straeon arswyd o Tibet, a dwylodd genedlaethau ... .

Bedwyr Lewis Jones sy'n dweud yr hanes am ewyrth Tec Lloyd, Llwyd o'r Bryn, yn cael y gwaith o feirniadu barddoniaeth yn un o'r steddfodau lleol ac yn troi at ei nai am help. Y ddau ohonyn nhw'n penderfynu a, pan ddaeth noson yr wyl, dyma alw ar y bardd buddugol a D. Tecwyn Lloyd yn codi ...

I'w gyfeillion agos, roedd y tynnu coes ar lefel arall. Yn adran y Gymraeg ym Mangor, roedd Bedwyr Lewis Jones yn derbyn pob math o lythyrau a galwadau ffôn gan gymeriadau amrywiol, a oedd, rhywsut neu'i gilydd, yn byw mewn un tŷ ym Maerdy.

Yn ei gartre' yntau yng Nghwm Ystwyth, mae gan Meredydd Evans ffeiliau o gampau D. Tecwyn Lloyd. Pob Nadolig, fe ddôi cerdyn cywrain , yn aml wedi'i wneud â llaw yn steil y llawysgrifwyr; ar adegau eraill, fe ddôi copïau ffotostat o ddogfennau 'hynafol'.

"Dwi'n cofio adeg y Rhyfel, mi sgrifennodd at Major Gwilym Lloyd George, y Gweinidog Tanwydd ac Ynni. Llythyr oddi wrth y Diafol oedd o yn gofyn a fedrai fo gael dipyn rhagor o lo am fod rhai o gyfeillion y Major a'r llywodraeth yn cwyno ei bod hi'n oer."

Wythnos ar ôl ei briodas yn 1947, fe gafodd Meredydd Evans flas o'r tynnu coes. Yn sydyn, fe ddechreuodd gwerthwyr inshiwrans gyrraedd y ty un ar ôl y llall, wedi'u gwahodd gan D.Tecwyn Lloyd.

Ond y tu ôl i lawer o'r tynnu coes, roedd yna ddysg dychrynllyd. Roedd y Bumed Gainc wedi'i sgrifennu mewn Cymraeg Canol perffaith a rhai o'r cerddi'n barodïau crefftus o wiriondeb mathau o feirdd.

Yng nghanol llifeiriant straeon ei ffrindiau, mae'n hawdd anghofio am y cyfraniad difrifol a wnaeth. Ond, yn ôl Bedwyr Lewis Jones a Hywel Teifi Edwards fel ei gilydd, roedd yn un o sgrifenwyr rhyddiaith gorau'r ganrif, yn llinach ysgrifwyr mawr fel W.J. Gruffydd ac R.T. Jenkins.

"Oedd e'n Gymreigiwr ardderchog," meddai Hywel Teifi. "Roedd ganddo arddull mor glir a ffordd hynod gryno ac effeithiol o ddweud pethau."

Mewn ysgrifau am gymeriad unigol neu fân bwyntiau hanesyddol, roedd yn gallu gwneud i ardal, diwylliant a chyfnod ddod yn fyw. Roedd hefyd wedi deall gystal â neb beth oedd wrth wraidd Cymreictod. Mae ei gyfrol am Saunders Lewis yn dweud llawer am yr awdur yn ogystal â'r pwnc ei hun.

O fewn dim wedyn, mae atgofion ffrindiau'n troi'n straeon am amrywiaeth ei ddiddordebau - o ffiseg cwantwm i Sherlock Holmes, o wleidyddiaeth i straeon y Wild West, o ganu i ffugio llenyddol.

"Diolch byth na wnaeth e ddim cwrdd â Iolo Morganwg," meddai Hywel Teifi Edwards. Mae'n bosib ei fod ar fin gwneud.

138b

Barn

RHIF 357 HYDREF 1992 PRIS: £1.25

COLLI LLIW
O
FYD LLÊN

Holi Ceri Sherlock
a Siôn Eirian

Cerddi gan
Robin Llywelyn

138c

D. Tecwyn Lloyd

D. TECWYN LLOYD was a product of a tightly knit Welsh and Welsh-language community, a community that he idealised and longed for in his latter years, so much so that he came back in his retirement to live within a few miles of his birthplace, near Corwen, in Clwyd. He wrote well on the characters and the way of life – now fatally eroded – which produced men of substance like his father John Lloyd and his uncle Robert Lloyd (1885-1961), better known in Eisteddfodic circles as "Llwyd o'r Bryn".

Tecwyn Lloyd was educated at the local school at Glan-yr-afon, at Ysgol Tytandomen, Bala, and the University College of Wales, Bangor. After graduating in Welsh, he worked as an adult education lecturer for the Workers' Educational Association (1938-46), concentrating on the moorland communities around Cerrigydrudion in Denbighshire (Clwyd). It was with these people in mind – self-taught but extremely knowledgeable in literature, biblical matters and current affairs – that he began to prepare articles (from 1938 he wrote over 700) and a book of literary criticism, *Erthygl-au Beirniadol* (1946).

Lloyd's concern for working-class men and women – better expressed in the Welsh word *gwerin* (folk) – was enlarged when he became a librarian and a lecturer at Coleg Harlech, in Harlech, an adult institution established in the 1920s to give individuals who had been denied access to higher education a second chance. He spent nine years (1946-55) there before being enticed into publishing and journalism. He became a director of the long-established publishing house of Hughes and Sons, of Wrexham, and also deputy editor of the national newspaper *Y Cymro*, then at its zenith.

But the call of adult education was too strong and in 1961 Lloyd was appointed a member of the staff of the Extra-Mural Department of the University College of

Wales at Aberystwyth, a department which was then under the directorship of the sociologist Alwyn D. Rees (1911-1964) who, like Lloyd, gave unswerving support to the militant activists of the Welsh Language Movement. Lloyd remained with the department, based at Carmarthen, until his retirement. During this period he followed the poet D. Gwenallt Jones as the editor of the Welsh Academy quarterly *Taliesin* and edited the magazine for 22 years (1965-87). Between 1941 and 1946 he had edited the long-defunct magazine for rural Wales *Cefn Gwlad* and at Bangor he edited *Omnibus*, the student magazine.

Lloyd was a renaissance man. He travelled extensively in Italy, Greece, France, Austria and Germany and immersed himself in so many different fields of knowledge: painting, mythology, archaeology, poetry (of which he wrote a great deal in his last decade), history of ideas, the Celtic world, history of socialism, Marxism, guild socialism. He belonged to many diverse societies, being an original member of the Welsh Academy, a Fellow of the Royal Asiatic Society, a member of the Irish Texts Society since 1948 and a member of a number of bibliographical societies, for he was a dedicated collector of books and possessed an outstanding library.

In his mature years he completed his MA as an external student at Liverpool University on the subject of the interpretation of Wales by Anglo-Welsh writers.

He was a biographer of Saunders Lewis (1893-1985), a remarkable literary figure. The first volume of the biography, published in 1988, was a milestone in the study of Saunders Lewis. Since winning a writing competition on the life and work of the dramatist at the 1942 National Eisteddfod, Lloyd had been collecting material for his *magnum opus*. This biography will stand the test of time and the University of Wales responded by awarding Lloyd an honorary doctorate of literature. His other publications are also of immense value: *Safle'r Gerbydres* (1970), *Lady Gwladys a Phobl Eraill* (1971), *Bore Da, Lloyd* (1980) and *Cymysgadw* (1986).

He could write occasionally in a manner that unnerved people, especially in his biographical profiles, but in the main he wrote with a panache all of its own and with loyalty to the values of his people. He had a sly sense of humour and on at least three occasions he deceived the literary public when he published two volumes of short stories under a pseudonym. These books, *Rhyw Ystyr Hud* (1944) and *Hyd Eithaf y Ddaear* (1972), appeared under the name of E.H. Francis Thomas and he foxed many of us for a long time. It pleased him no end.

He enjoyed writing and on the morning before he died he spent a few hours in his study. The day before he had been at the funeral of another author, Dyddgu Owen. The month of August saw the death of two Welsh-language scholars and two Welsh writers of distinction. It is a loss that a small nation can ill afford.

D. Ben Rees

David Tecwyn Lloyd, teacher, editor, author, born Glan-yr-afon 22 October 1914, died Bodelwyddan Clwyd 22 August 1992.

139

138a/b/c. Cylchgronau a phapurau Cymru a Lloegr yn coffáu Tecwyn: *Golwg* (Awst 27, 1992), *Barn* (mis Hydref, 1992) a *The Independent* (dydd Sadwrn, Medi 5, 1992). Bu Tecwyn farw ar Awst 22, 1992.

139. Rhai o gyhoeddiadau Tecwyn.

140

140. Pan gollo Cymro ei Gymraeg, nid mynd i dir cenedl arall – yn ffigurol felly – y mae, ond mynd i Dir Neb. Tir diffrwyth yw hwnnw ac os yw tystiolaeth Mr. Raymond Garlick yn wir, tir marwol ydyw i'r ysbryd creadigol byw. Fel yn *ballet* Tsiaicoffsci, tir ydyw sy'n troi pobl yn bypedau, yn preneiddio cynulleidfa Pwnsh fel Pwnsh ei hun. A rhag ichwi feddwl fy mod yn rhy ffansïol, gofynnwch i chwi eich hunain pa lenor neu fardd sydd wedi dod o sir Faesyfed? O dde sir Benfro? O hanner dwyreiniol Maldwyn – o fewn y can mlynedd diwethaf? Mae'r diwinyddion y dyddiau hyn yn sôn am wacter ystyr, ond y mae'r fath beth i'w gael hefyd â gwacter ffurf a phennaf nodwedd y gwacter hwnnw yw ei fod yn ddieithriad yn diddymu a gwamalu pob ystyr. Fel y dengys aflwyddiant y cylchgronau a nodais, ffrwyth y seisnigo a fu ar Gymru yw creu anniddordeb a *diberfeddu'r dychymyg o'i greadigrwydd.* A'r perygl mewn peth felly, nid yn unig mewn llenyddiaeth ond hefyd ymhob bywyd sy'n ddeunydd llenyddiaeth, yw i ddyn fynd i fyw a bod fel parodi ohono'i hunan a chredu mai hynny yw gwir fywyd.

'Cymru yn Saesneg', ysgrif a ymddangosodd yng nghylchgrawn Cymdeithas y Cymmrodorion, Trafodion Cymdeithas Anrhydeddus y Cymmrodorion, ym 1966.

Llyfryddiaeth Ddethol

1943	*Trafod Llenyddiaeth*
1944	*Rhyw Ystyr Hud* (dan y ffugenw E. H. Francis Thomas)
1946	*Erthyglau Beirniadol*
1946	*Trwy Diroedd y Dwyrain* (Cyfieithiad o waith H. I. Bell)
1958	*Ysgol Llawrybetws 1908-1958.* (Gol.)
1960	*Ned Sera Jôs* (cyhoeddiad preifat, 25 copi)
1962	*R. Williams Parry*
1965	*Tannau'r Cawn* (Gol.)
1965	*Y Cythreuliaid*: trosiad o *The Devils* (John Whiting)
1970	*Safle'r Gerbydres ac Ysgrifau Eraill*
1971	*Lady Gwladys a Phobl Eraill*
1972	*Hyd Eithaf y Ddaear a Storïau Eraill* (dan y ffugenw E. H. Francis Thomas)
1975	*Saunders Lewis* (Cydolygydd, ar y cyd â Gwilym Rees Hughes) casgliad o erthyglau
1979	*Y Wers Rydd a'i Hamserau* (Darlith Lenyddol Eisteddfod Genedlaethol Caernarfon a'r Cylch, 1979)
1980	*Gysfenu i'r Wasg Gynt* (Darlith Radio Flynyddol BBC Cymru)
1980	*Bore Da, Lloyd, a Chofnodion Eraill*
1985	*Grawnsypiau i'w Macsu Neu Bwysïau gan Hen Bisyn* (Gol.) Detholiad o Waith Miss. J. M. Davies (cyhoeddiad preifat, 15 copi)
1986	*Cymysgadw*
1987	*Drych o Genedl*
1987	*Llên Cyni a Rhyfel a Thrafodion Eraill*
1988	*Cofio Rhai Pethe ... a Phethe Eraill*
1988	*John Saunders Lewis*
1989-90	*Ardal Llawrybetws 1989-1990* (cyhoeddiad preifat).

Dyddiadau

1914	Geni D. Tecwyn Lloyd, Hydref 22
1919-1927	Ysgol Llawrybetws
1927-1934	Ysgol Tŷ Tan Domen, Y Bala
1934-1938	Coleg Prifysgol Gogledd Cymru, Bangor
1937	B.A. Prifysgol Gogledd Cymru, Bangor
1938-1946	Darlithio i ddosbarthiadau WEA a dosbarthiadau allanol Coleg Prifysgol Gogledd Cymru, Bangor
1946-1955	Coleg Harlech: darlithydd a llyfrgellydd
1955	Priodi Frances Killen
1956-1961	Cyfarwyddwr Cwmni Hughes a'i Fab, Wrecsam, ac is-olygydd *Y Cymro*
1961	M.A. Prifysgol Lerpwl
1961-1982	Darlithydd yn adran allanol Coleg Prifysgol Cymru, Aberystwyth
1965-1987	Golygydd *Taliesin*
1980	Marwolaeth Frances, ei wraig gyntaf
1980	Symud i Faerdy, Corwen; parhau i gynnal dosbarthiadau yn ystod yr wythnos yng Nghaerfyrddin a'r cylch hyd at 1982
1982	Ymddeol
1982-1992	Ar ôl 'ymddeol', cynnal dosbarthiadau dan nawdd adran allanol Prifysgol Gogledd Cymru, Bangor
1984	Priodi Gwyneth Elizabeth Owen
1990	Gradd Doethur mewn Llenyddiaeth, Prifysgol Cymru
1990	Ei dderbyn yn Gymrawd Anrhydeddus Coleg Prifysgol Gogledd Cymru, Bangor
1991	F.S.A. (Fellow of the Society of Antiquaries), Llundain
1992	Bu farw ar Awst 22